그림책
하브루타의
비밀

그림책 하브루타의 비밀
교실과 가정에서 피어나는 성장의 기록

초 판 1쇄 2025년 05월 14일

지은이 이정민, 홍서연, 김인경
펴낸이 류종렬

펴낸곳 미다스북스
본부장 임종익
편집장 이다경, 김가영
디자인 윤가희, 임인영
책임진행 이예나, 김요섭, 안채원, 김은진, 장민주

등록 2001년 3월 21일 제2001-000040호
주소 서울시 마포구 양화로 133 서교타워 711호
전화 02) 322-7802~3
팩스 02) 6007-1845
블로그 http://blog.naver.com/midasbooks
전자주소 midasbooks@hanmail.net
페이스북 https://www.facebook.com/midasbooks425
인스타그램 https://www.instagram.com/midasbooks

ⓒ 이정민, 홍서연, 김인경, 미다스북스 2025, Printed in Korea.

ISBN 979-11-7355-230-4 03370

값 19,000원

※ 파본은 구입하신 서점에서 교환해드립니다.
※ 이 책에 실린 모든 콘텐츠는 미다스북스가 저작권자와의 계약에 따라 발행한 것이므로 인용하시거나 참고하실 경우 반드시 본사의 허락을 받으셔야 합니다.

미다스북스는 다음세대에게 필요한 지혜와 교양을 생각합니다.

그림책
하브루타의
비밀

교실과 가정에서 피어나는
성장의 기록

이정민
홍서연
김인경 지음

미다스북스

추천사

정민 선생님, 인경 선생님, 서연 선생님,

지난 하브루타 그림책 힐링수다의 시간이 아직도 제 마음속에 따뜻하게 남아 있습니다. 함께한 그 시간들은 단순히 책을 읽고 이야기 나누는 것을 넘어, 각자의 삶을 새롭게 발견하고 서로의 이야기를 통해 마음을 나누었던 특별한 여정이었습니다. 그림책이라는 작은 매개체를 통해 우리는 얼마나 많은 감정과 깨달음을 공유했던지요.

기억하시나요? 첫날, 세 분이 보여주셨던 설렘과 약간의 긴장감, 그리고 "내 이야기가 정말 가치 있을까요?"라는 질문들. 그러나 시간이 지나면서 세 분은 자신의 이야기를 하나둘 꺼내 놓으셨습니다.

그 이야기들은 마치 퍼즐 조각처럼 자연스럽게 서로 연결되며 깊은 울림을 만들어냈습니다. 그 과정에서 저는 세 분이 얼마나 진솔하고 따뜻한 분들인지 알 수 있었습니다. 그리고 자신만의 독특한 시선으로 세상을 바라보는 분들이라는 것을 새삼 깨닫게 되었습니다.

정민 선생님,

선생님은 그림책의 작은 장면 하나에서도 깊은 의미를 찾아내는 놀라운 통찰력을 가지셨습니다. 선생님의 이야기는 늘 우리에게 새로운 관점을 제시해주었고, 작은 순간에서도 삶의 의미를 발견하는 선생님의 태도는 저와 다른 선생님들에게 큰 영감을 주었습니다. 특히, 어린 시절의 기억과 현재의 삶을 연결하여 이야기할 때 선생님의 표정은 정말로 빛나 보였습니다.

인경 선생님,

선생님은 늘 따뜻한 목소리와 진솔한 태도로 대화를 이끌어 주셨습니다. 선생님의 이야기를 들을 때마다 사람의 마음을 움직이는 힘이 무엇인지 느끼곤 했습니다. 선생님이 들려주셨던 삶의 여정에서 나온 이야기는 모두가 공감할 수 있는 진정성을 가지고 있었습니다. 선생님의 말씀 한마디, 한 문장은 마치 위로의 손길처럼 느껴졌답니다. 그것이 얼마나 소중한 재능인지 다시 한번 말씀드리고 싶습니다.

서연 선생님,

선생님의 섬세한 관찰력과 깊이 있는 질문들은 대화에 새로운 길을 열어

주었습니다. 다른 사람의 이야기를 경청하는 선생님의 태도는 늘 존경스러 웠습니다. 조용히 내뱉으시는 한마디 한마디는 마치 보석처럼 빛났습니다. 선생님이 그림책 속에서 발견한 의미를 자신의 삶과 연결하는 과정을 보면서 저도 많은 배움을 얻었습니다.

선생님들의 하브루타 그림책 힐링수다 이야기책이 세상에 나올 준비를 마쳤다는 소식을 듣고 정말 감격스러웠습니다. 세 분이 이 책을 통해 전하려는 이야기는 단순한 기록을 넘어, 많은 사람에게 따뜻한 울림과 영감을 줄 것이라 확신합니다. 정민 선생님, 인경 선생님, 서연 선생님께서는 자신의 삶을 진솔하게 담아내는 용기를 보여주셨습니다. 그 용기와 열정이 한 권의 책으로 완성된 지금, 이 책은 세 분의 깊은 통찰과 따뜻한 시선이 녹아 있는 소중한 작품입니다. 각자가 써 내려간 이야기는 단순히 개인의 경험을 나열한 것이 아니라, 우리가 모두 공감할 수 있는 보편적인 메시지를 담고 있습니다.

이 책은 단순히 읽는 책이 아니라, 마음으로 느끼는 책입니다. 세 분의 글은 독자들에게 위로와 희망을 선사할 것이며, 또 다른 이야기를 써 내려갈 용기를 불어넣을 것입니다. 누구나 자기 삶의 주인공이 될 수 있다는 메시지를 세 분의 책이 강렬하게 전해줄 것이라 믿습니다.

완성된 책이 독자들에게 전해질 때, 그들의 마음에 어떤 파장을 일으킬지 벌써부터 기대가 큽니다. 이 책은 세 분의 열정과 진심이 담긴 결정체이기에, 단순히 읽히고 끝나는 책이 아니라, 오래도록 사랑받는 책이 될 것입니다. 세 분의 이야기가 더 많은 사람들에게 닿아, 그들에게도 변화와 성찰의 기회를 선물하길 바랍니다.

다시 한번, 이 책의 탄생을 진심으로 축하드리며, 이 여정을 완성하신 선생님들께 깊은 존경과 응원의 마음을 전합니다. 세 분이 앞으로도 더 많은 이야기를 써 내려가실 것을 믿으며, 그 과정에서도 늘 곁에서 응원하겠습니다.

사랑과 지지의 마음을 담아,

- 하브루타 그림책 힐링수다 강사 꿈샘 박미숙

들어가는 글

하브루타로 다시 쓰는 인생

▲▽▲▽▲

퇴직 후 시작된 인생 2막, 하브루타로 성장하다

2022년 8월, 정년퇴직 후 '마음놀터예술심리상담센터'를 열며 제2의 인생을 시작한 저는, 우연한 계기로 하브루타를 만나게 되었습니다.

"선생님, 오랜만이지요? 예전에 푸드표현예술치료 특강에서 뵈었는데요."

"아, 기억나요."

이렇게 다시 박미숙 선생님과 인연이 이어졌고, '하브루타 힐링 수다'를 통해 하브루타의 세계에 발을 들여놓았습니다. 부모 교육과 독서 토론 자격 과정을 공부하면서, 그림책과 푸드 표현이 서로 연결될 수 있음을 발견했습니다. 이 과정은 저에게 새로운 도전이었고, 동시에 저 자신을 재발견하는 기회가 되었습니다.

그림책은 푸드와 자연스럽게 연결되는 훌륭한 매개체였습니다. 2년 가까이 그림책을 접하며, 그 속에서 느껴지는 감정을 푸드로 표현하는 방법을 탐구했습니다. 다양한 학생들과의 수업은 늘 활기차고 즐거웠으며, 책 속 이야기에서 출발한 감정이 푸드를 통해 완성되는 과정을 지켜보며 점차 자신감을 얻었습니다. 단순히 책을 읽는 것을 넘어, 스스로를 표현하고 창의적으로 소통하는 법을 배우며 성장해 갔습니다.

또한, 일상에서 하브루타를 실천하면서, 94세 어머니와 세 자매, 손자, 그리고 그룹원들과의 관계도 한층 깊어졌습니다. 하브루타와 그림책, 그리고 푸드 표현이 어우러진 이 여정은 서로의 마음을 이해하고 소통하는 소중한 시간이 되었습니다.

이제 저는 이 경험을 더 많은 사람과 나누고 싶습니다. 이 책에는 제 일상 속 하브루타 대화와 그림책, 푸드를 접목한 이야기가 담겨 있으며, 이를 통해 필요한 분들에게 작은 도움이 되기를 바랍니다.

— 이정민

엄마의 따뜻한 변화, 하브루타로 나눈 진심

"엄마 미워! 엄마 안 좋아! 엄마 말고 아빠하고만 있고 싶어!"

몇 년 전 아이에게서 자주 들었던 말입니다. 먹여주고, 입혀주고, 재워주고, 유치원에 보내주며 최선을 다하는 엄마에게 어떻게 그런 말을 할 수 있을까요? '내가 무엇을 더 해줘야 할까?' 혼란스럽고 화도 났습니다. 그때마다 저는 아이를 작은 방으로 데려가서 야단을 쳤습니다. 길게 잔소리하는 엄마를 눈만 깜빡이며 쳐다보던 아이는 가끔 하품하기도 하고 눈물을 글썽이기도 했습니다. 여섯 살의 아이는 그때 얼마나 무서웠을까요? 무서운 눈으로 쏘아보며 야단을 치고 있는 엄마의 모습은 어떻게 기억되었을까요?

그 당시 저는 아이의 마음보다 제 감정이 우선이었고, 아이의 상처와 두려움은 전혀 보지 못했습니다. 그저 강압적인 약속을 받아내려고 했습니다. 아무리 엄마에게 화가 나도 그런 말은 하지 말라고 말이죠. 그때는 아이의 마음 같은 것은 중요하지 않았습니다. 참으로 어리석은 순간이었습니다.

그러던 중 우연히 하브루타를 알게 되었습니다. 함께 공부하는 선생님들과 그림책을 읽으며 다양한 질문을 주고받고, 깊이 있는 대화를 나누는 의미 있는 시간을 가졌습니다. 그 속에서 제 이야기를 조금씩 꺼내며 공감을 받았고, 이를 통해 '경청'과 '공감'의 중요성을 배웠습니다. 점차 제 마음도 변화하기 시작하였습니다. 항상 무언가에 쫓기듯 바쁘게 살던 저에게 여유가 생기고, 주변을 돌아볼 수 있는 마음의 공간도 생겼습니다. 그 변화는 가족에게도 영향을 미쳤습니다. 대화가 많아졌고, 서로를 비난하기보다는 감사하고 인정하는 말을 자주 하게 되었습니다. 아이는 이제 엄마를 세상에서 제일 좋은 존재로 생각하게 되었습니다.

그림책 하브루타를 공부하며 영어 공부방에도 이를 적용하기 시작했습니다. 처음엔 어색했던 하브루타 시간이 이제는 아이들이 가장 기다리고 즐거워하는 시간이 되었습니다.

이 책은 저의 하브루타 성장기를 담고 있습니다. 완벽하진 않지만, 하브루타를 처음 접하고 그것을 삶에 어떻게 적용하며 실천하고 습관으로 만들 수 있었는지 그 과정을 되돌아보며 썼습니다. 비슷한 두려움과 상처를 가지고 있을 어떤 이들에게 조금이라도 위안과 공감을 줄 수 있기를 바랍니다.

– 홍서연

사춘기, 하브루타로 극복한 우리

저는 사춘기 두 자녀를 둔 엄마입니다.

사춘기 자녀와의 소통은 많은 부모들이 겪는 어려운 과제입니다. 평소 어느 부모보다도 아이들을 이해하며 많은 대화를 나눈다고 자부했었지만, 저 역시 막상 사춘기와 마주하자 벽과 이야기하는 듯한 느낌을 받기도 했습니다. 이때 만난 하브루타는 저 자신을 이해하고 자녀의 사춘기라는 긴 터널에서 함께 헤쳐 나가는 데 큰 도움이 되었습니다.

사춘기 자녀의 변화를 바라기 이전에 나를 바라보고 살펴보는 시간이 필요합니다. 하브루타를 통해 먼저 나는 어떤 사람이고 과거의 경험들이 나에게 어떤 감정들로 남아 있는지 또 어떠한 자극들이 나를 힘들게 하는지에 대해 생각해 보고 나니, 예전이라면 생활 속에서 자극이 되던 상황이 와도 다르게 받아들이는 저를 보게 되었습니다. 변화된 저는 사춘기 아이들과 차분히 대화를 나누고 있었습니다. 차분한 대화 속에서 아이들의 생각을 궁금해하고 원하는 방향에 대해 질문을 하다 보니 아이들의 생각이 보였습니다. 아이들 생각을 인정해 주고 스스로 내린 결정에 대해서는 지키도록 격려하였습니다. 잘 지켜지지 않는 순간이 오더라도 서로 비판하지 않고 원인과 해결 방법이 무엇인지 함께 고민하였고, 그렇게 조금씩 태도와 말투가 변화하는 모습을 볼 수 있었습니다.

하브루타 방식의 대화는 하룻밤 만에 완성되지 않습니다. 꾸준한 노력과 연습이 필요합니다. 처음 하브루타 ZOOM 수업을 시작했을 때, 질문 만들기 과제가 가장 어려웠습니다. 평소 "학교 다녀왔니?", "책은 다 읽었니?"와 같은 질문으로 대화하는 저였기에 많은 시간을 질문 만들기에 할애해야만 했습니다. 처음엔 내용 뒤에 '까'만 붙여서 질문을 만들기도 했고, 그림을 보고 궁금한 질문이나 느낌을 나타내는 질문을 하나씩 만들면서 질문 만들기 실력이 점점 향상되었습니다. 하브루타를 시작했을 때처럼 때로는 길을 찾지 못하고 어려움도 겪겠지만, 이 과정 자체가 부모와 자녀가 함께 성장하는 소중한 여정이 될 것입니다.

자녀와의 대화가 즉각적인 변화를 가져오지 않더라도 실망하지 마세요. 작은 변화들이 모여 큰 변화를 만들어냅니다. 내면의 나를 다독이고 어루만져 주는 시간을 보내며, 나의 성장에서 출발하는 것을 시작으로, 나를 위한 시간을 먼저 가져보세요. 나의 성장이 자녀의 건강한 성장으로 이어질 것입니다.

하브루타 방식의 대화로 아이와 함께 건강한 사춘기를 보내시길 바랍니다.

— 김인경

차 례

추천사 · **004**

들어가는 글 · **008**
하브루타로 다시 쓰는 인생

제1장 **우리들의 그림책 하브루타, 무엇이 특별할까?**

1. 사춘기, 질문으로 길을 찾다 · **019**
2. 우리 가족의 소통을 열다 · **023**
3. 꿈을 담아 우리도 책을 써볼까요? · **027**
4. 넘어지고 끌어주며 함께하는 발걸음 · **033**
5. 색깔로 만나는 우리, 다름이 만들어낸 조화 · **038**

제2장　예술 하브루타, 소통과 치유의 일상　이정민

1. 천천히 피어나는 아이들 · 045
2. 새로운 도전, 난타로 하나 되다 · 050
3. 괜찮아, 너는 소중해 · 055
4. 엄마의 하루는 오늘도 진행형 · 060
5. 그리움을 춤추다, 다시 만난 순간들 · 071
6. 그림책과 푸드로 만드는 작은 우주 · 076

제3장　질문 하브루타, 마음을 여는 기적　홍서연

1. 아이의 마음을 활짝 여는 특별한 질문 · 085
2. 사랑을 느끼는 순간, 아이의 진심 · 091
3. 마음껏! 나만의 글을 즐겁게 쓰는 비결 · 096
4. 틀려도 괜찮아, 도전하는 마음이 중요해 · 100
5. 질문 하나, 대화 둘, 행복 셋 · 106
6. 상상 속에서 자라는 아이 · 112

제4장 대화 하브루타, 성장의 문을 열다 김인경

1. 자기주도학습 능력이 쑥쑥 자란다! · 125
2. 대화를 찾아 떠나는 자연 속 여행 · 131
3. 안돼! 그 말 너머의 진심 찾기 · 136
4. 엄마의 빈자리가 두려운 나이 · 140
5. 아이와 함께 하는 경제 이야기 · 145
6. 그리움 한 조각, 외할머니와의 시간 · 151

제5장 우리들의 그림책 하브루타, 함께 물들다

1. 자존감은 키우고 편견 없이 받아들이고 싶다면 · 157
2. 나눔과 배려의 시작이 '나'이고 싶다면 · 163
3. 창의력과 문제해결력을 키우고 싶다면 · 169
4. 담대함과 용기를 불어넣고 싶다면 · 175
5. 인내와 열정을 가진 사람이 되고 싶다면 · 181
6. 틀림이 아닌 다름을 받아들이고 싶다면 · 186

참고도서 · 192

제1장
우리들의 그림책 하브루타, 무엇이 특별할까?

그림책 하브루타는 서서히 일상에 스며들어
많은 것을 바꾸었습니다.
질문을 주고받는 대화 속에서 서로의 생각을 듣고
이해하는 소통의 여정을 소개합니다.

1
사춘기, 질문으로 길을 찾다

▲▽▲▽▲

김인경

"옛날에 가난뱅이였던 벼락부자가 있었다. 현자는 그에게 한 마리의 말과 마부를 주었다. 어느 날 갑자기 마부가 사라졌다. 그러자 그 벼락부자는 3일 동안 마부처럼 직접 말을 끌고 걸어갔다."

하브루타 부모 교육 연구소에서 진행하는 부모 교육사 3급 수업에서, 처음 접한 이 텍스트 내용에 대해 질문을 만들어 보라는 과제를 주었다. 고민 끝에 내가 만든 질문은 '마부는 왜 사라졌나요?'였다. 강사님은 '가난뱅이는 돈이 얼마나 없어야 가난뱅이인지', '벼락부자가 되려면 갑자기 돈이 얼마나 많은 돈이 생겨야 벼락부자인지' 그리고 '가난뱅이는 왜 '뱅이'라는 표현을 붙였을까?'와 같은 질문을 던지셨다. 강사님의 질문을 듣고 보니, 나는 평소에 가난이라는 기준에 대해 한 번도 생각해 본 적이 없었다는 것을 깨달았다. 다른 수강생들의 대답을 들으며 조금씩 생각을 정리해 나갔고, 그 과정에서 가난뱅이와 벼락부자에 대한 나만의 기준이 생겼다. 문장 하나에서 이렇게 많은 생각을 할 수 있다는 것이 정말 놀라웠다.

이러한 경험은 평범한 문장에서 생각을 확장하는 질문을 만들어 주었다. 그 질문들은 사춘기 아이들의 가치관도 새롭게 정리할 수 있게 하였다. 하브루타를 접한 나의 경험은 마치 꽃봉오리가 터지듯 가슴 뛰는 순간이었다. 이런 감정을 느끼는 것이 너무 오랜만이라 하브루타 과정에 대한 궁금증이 커져, 〈하브루타 그림책 힐링 수다〉와 〈하브루타 그림책 코칭지도사 2급〉 과정까지 강의를 듣게 되었다.

부모 교육사 첫 수업을 마친 후, 아들과 함께 하루에 뉴스 하나씩 보며 서로의 생각을 나누는 시간을 갖기로 하였다.

어느 날, 연예인 마약 관련 기사를 보고 아들이 이야기를 시작했다.

"나도 마약을 한번 해보고 싶은데."

나는 속으로 깜짝 놀랐지만, 아들에게 조심스럽게 물어보았다.

"왜 마약을 해보고 싶어?"

"무슨 맛인지 궁금하고, 사람들이 왜 하는지 나도 알고 싶어서 해보고 끊으면 되잖아."

그 말을 듣고, 아들이 위험한 생각을 스스로 깨달을 수 있도록 도와주고 싶었다.

"혹시 게임을 할 때, 자꾸 하고 싶다는 생각이 든 적 있어?"

"응."

"그때 어땠어? 게임을 쉽게 조절할 수 있었어?"

"아니."

"마약은 게임보다 훨씬 더 힘들고 복잡해. 몇 배, 몇백 배, 몇천 배는 더 어려운 거야."

"아~ 그렇구나! 그럼 하지 말아야겠네."

이렇게 단순한 호기심에서 시작한 생각은 아들과의 소중한 대화로 마무리되었다.

아들이 중학교 2학년이던 어느 날, 하교 후 간식을 먹으며 자연스럽게 학교 이야기를 꺼냈다.

"엄마! 수업 시간에 반 아이들이 떠들어서 수업이 잘 안돼."

"선생님이 주의를 주시지 않니?"

"응, 수업을 듣는 아이들 위주로 수업하셔."

얼마 전 교사가 학생 지도에 대한 어려움에 관한 기사를 본 기억에 아들에게 이렇게 물어보았다.

"선생님은 초임 때부터 그러신 걸까? 아니면 의욕이 없어지신 걸까?"

"점점 의욕이 없어지신 것 같아."

"왜 그렇게 생각해?"

"친구한테 이야기할 때 잘 들어주지 않으면 다음엔 말 안 하게 되거든. 선생님도 처음에는 지도하시다가 변화가 없으니 포기하신 것 같아."

"그럼, 너라도 조용히 하자고 이야기해 보는 건 어때?"

"괜찮아. 괜히 사이만 나빠질 것 같아."

올해 중학교 3학년인 아들이 '자녀에 대해 얼마나 아시나요?'라는 가정통신문을 가져왔다. 그 내용 중에 '우리 자녀와 하루 평균 대화 시간은 얼마나 되나요?'라는 질문이 있었다. 엄마인 내가 생각하는 시간과 아들이 생각하는 시간이 다를 것 같아서, 아들에게 물었다.

"아들, 엄마랑 하루에 얼마나 대화한다고 생각해?"

"음, 한 시간 정도는 될 것 같아!"

"그럼, 주로 어떤 이야기를 많이 나누는 것 같아?"

"뉴스에 관한 이야기나, 학교에서 있었던 일 같은 것들인 것 같아!"

사춘기 자녀를 둔 어머니들은 '사춘기 자녀와 어떻게 한 시간을 대화할 수 있을까?' 하고 의문이 생길 수 있다. 그래서 나는 '하브루타로 대화했어요.'라고 대답하고 싶다. 만약 '하브루타가 뭐예요?'라고 묻는다면, "이 책을 끝까지 읽어보시면 알게 될 거예요."라고 대답하고 싶다.

2
우리 가족의 소통을 열다
▲▽▲▽▲

김인경

『곰씨의 의자』

"엄마! 뭐 해?"

그림책을 보며 공책에 질문을 적고 있는 나에게 딸아이가 물어본다.

매주 하브루타 힐링 수다 수업을 듣기 위해, 나는 그림책 한 권씩 읽고 그에 대한 질문을 만들어 노트에 적고 있다. 처음에는 어떤 질문을 만들어야 할지 감이 잡히지 않으면 세 번, 네 번씩 다시 읽곤 했다. 여러 번 읽다 보니, 그림책이 전하고자 하는 이야기가 조금씩 보이기 시작했고, 가끔은 불편하거나 편안하게 느껴지는 페이지에서 잠시 머물기도 하였다. 짝 토론을 하면서 같은 그림책을 보았지만, 나와 비슷하게 불편한 느낌을 받은 분도 계셨고, 반대로 느끼신 분도 계셨다. 하브루타를 시작하기 전에는 다른 생각을 가진 사람들을 구분하며 거리를 두었던 적이 있었다. 하지만 지금은 짝과 이야기를 나누면서 그들의 생각이 다를 수 있다는 것을 받아들일 용기가 생겼다. 이제는 나와 다른 의견을 가진 짝과의 토론이 더욱 재미있고, 그들의 생각이 궁금해졌다.

하루는 저녁 식사를 하면서 아들과 딸에게 전날 하브루타 힐링 수다에서 나누었던 노인경의 『곰씨의 의자』 내용을 이야기해 주었다. 이 책에서는 곰씨가 자신의 의자를 토끼들에게 내주게 되는데, 그로 인해 매일 찾아오는 토끼들로 혼자만의 시간과 공간이 침범당하게 된다. 곰씨가 속마음을 표현하기 어려워하는 모습을 보며, 나는 딸이 떠올랐다. 딸은 항상 다른 사람을 배려하느라 자신의 불편함을 감수하는 성향을 가지고 있다. 반면 아들은 다른 사람의 불편함을 잘 모르는 것 같고, 생각하고 느끼는 대로 이야기해서 의도치 않게 상처를 주는 성향이 토끼와 비슷하다는 생각이 들었다. 이렇게 성향이 다른 아이들의 생각이 궁금해졌다.

나는 아들과 딸에게 질문했다.
"곰씨가 자신의 불편함을 토끼들에게 말하지 못하는 모습이 어때 보여?"

딸은 잠시 고민하다가 대답했다.

"곰씨가 불쌍해 보여."

"왜 그렇게 생각해?"

"자기의 자리를 내어주고 토끼들의 결혼까지 축하해 주었는데, 곰씨가 편히 쉴 수 없게 돼서 안타까워."

"아들아, 너는 어떻게 생각해?"

"곰씨는 우유부단한 것 같아."

"왜 그렇게 생각해?"

"내 생각에는 자신의 의자에 대한 소유권을 주장하지 못하고, 시간을 끌고 있어서 그런 것 같아."

평소 남매의 다툼에서 딸아이는 감정이 상한 부분이 상대의 잘못이라고 생각하는 반면, 아들은 중간 과정을 생략하고 싸움의 원인을 지적하며 시시비비를 가리려 한다. 내가 하브루타를 통해 상대방의 생각을 인정했듯이, 그림책에서도 남매의 서로 다른 생각을 좁혀주고 싶었다. 그래서 매일은 아니지만 가끔 내가 읽었던 그림책을 식탁으로 초대했다.

식탁으로 초대한 책은 남매가 평소에 겪는 감정적인 다툼과 유사한 상황을 그림책 속 주인공의 입장에서 생각해 보게 하였다. 그런 과정에서 서로의 생각을 이해하게 되면서 다툼이 줄어드는 것을 느꼈다. 내가 만난 하브루타가 가족 간의 이해와 소통으로 이어질 수 있도록 도와주었다.

3.
꿈을 담아 우리도 책을 써볼까요?

▲▽▲▽▲

홍서연

"선생님, 하브루타에 대해 어떻게 생각하시나요?"

그림책 힐링수다 온라인 모임에 참여한 첫날 담당 선생님인 꿈샘의 질문이었다.

"질문하고 토론하고 경청하는 것, 그렇게 알고 있어요."

나의 대답에, 모임방에 있던 모든 선생님이 미소를 지으시며 고개를 끄덕이셨다.

조승혜의 『다람쥐의 구름』으로 첫 모임을 시작했다.

『다람쥐의 구름』

　자신이 지나가는 곳에는 항상 비가 쏟아지는 다람쥐가 있었다. 자신이 지나갈 때마다 동물들에게 민폐를 끼치는 것 같아 다람쥐는 마음이 좋지 않았다. 우울함에 빠져 있는 다람쥐에게 어느 날 생쥐가 우산을 들고 찾아오는데….

"비를 보면 어떤 생각이 드나요?"
"자신 때문에 감기 걸린 토끼를 보며 다람쥐는 어떤 생각이 들었을까요?"
"생쥐는 왜 다람쥐에게 우산을 씌어주었을까요?"
"우리에게 생쥐 같은 존재가 있을까요?"
"나는 생쥐와 다람쥐 중 어디에 가까운 사람일까요?"
질문을 만들고 선생님들과 답을 하며 수업에 참여했다.

그날 이후 우리는 매주 목요일 밤에 만나 그림책을 읽었다. 질문과 답을 하며 개념을 찾아가고, 서로의 생각을 공유하였다. 즐거울 때는 손뼉 치며 웃기도 하고, 슬플 때는 함께 위로도 해주었다. 일이 있어 하루 빠지는 날은 '무슨 일일까?' 서로의 안부를 궁금해하기도 했다. 어느새 우리는 꽤 친해진 사이가 되어 있었다.

"선생님들~ 우리도 책 한번 써볼까요?"
몇 개월이 흐른 어느 날 꿈샘이 제안하셨다.
갑작스러운 제안에 깜짝 놀란 듯 웅성대며 서로를 바라보던 선생님들의 눈빛이 지금도 기억난다.
한 분씩 말문을 여셨다.

"예전부터 글을 쓰고 싶었던 마음이 있었어요. 두렵지만 함께라면 즐겁게 할 수 있을 것 같아요."
내심 기다렸다는 듯 반가웠다는 정민 선생님이다. 공동 저자로 책을 써보신 경험이 있으신 선생님은 당시에는 책 쓰기를 힘들어하셨다. 하지만 책이 출간된 후 또 써보고 싶다는 생각이 들었을 정도로 매력에 푹 빠지신 것 같았다.
"내가 좋아하는 일, 그리고 내 생각을 담은 글을 써보고 싶었어요. 언젠가 책이 나오고 강연도 하면 어떨까 하는 설레는 꿈을 꾸고는 했어요."

나 또한 그동안 어렴풋이 꿈꿔왔던 일이 이루어질 수 있다는 생각에 설레기 시작했다.

"오래전 사촌 언니가 책을 출간한 적이 있어요. 너무 잘 쓰기도 했고, 언니가 잘되면 좋겠다고 생각했었죠. 막연한 생각에 나에게도 그런 기회가 온다면 책을 꼭 써보고 싶다고 생각하고 있었어요."

인경 선생님은 사촌 언니의 사례를 들려주시며, 함께라면 용기를 내어 도전할 수 있겠다는 생각이 들었다고 하셨다.

"그런데 저는 글을 잘 쓰지 못하는데 어떻게 하죠?"

불현듯 걱정이 앞선 내가 물었다.

"우리 하브루타 하는 여자들이잖아요. 충분히 잘하리라 생각해요."

선생님들의 위로 섞인 대답에 미소가 지어졌다.

우리는 서로를 응원하며 하브루타 하는 여자들의 힘으로 글쓰기와 책 만들기에 동참하게 되었고 본격적인 과정이 시작되었다.

며칠 후, 우리는 회의를 하기 위해 다시 모였다.

"제 글이 재미가 없어 보여요. 너무 길어진 것 같아 독자들에게 어떻게 다가갈지 고민이 많아요. 아예 처음부터 다시 써볼까 싶어요."

걱정하던 나는 조심스럽게 말을 꺼냈다.

"글을 쓰다가 멈췄어요. 그다음을 어떻게 이어가야 할지 모르겠어요."

인경 선생님 역시 걱정이 많으셨다.

"개념 잡기가 어렵네요. 주제에 대해 글을 쓰기가 어려워요."

정민 선생님께서도 고민이 있으신 듯했다.

막상 시작하고 보니 예상치 못한 어려움이 하나둘 쌓여갔고, 해결해야 할 문제들도 끊임없이 떠올랐다.

각자의 고민이 이어지고 우리는 한참 생각에 잠겼다. 누구 하나 쉽게 답을 내리지 못한 채, 저마다의 고민 속에서 길을 찾으려 애쓰고 있었다.

"선생님 글에서 대화로 시작하는 부분은 재미있어요. 사례가 있으면 독자들도 이해하기 쉬울 거 같아요. 처음부터 다시 쓰진 마시고, 앞뒤 구성을 약간 바꾸고 다른 얘기를 추가해 보는 건 어떨까요?"

잠시 후, 정민 선생님께서 먼저 입을 여셨다.

"그림책 수업 시간에 했던 질문들과 토론 내용을 넣어보는 건 어떨까요?"

조심스럽게 내 의견을 건넸다.

"선생님이 쓰실 글의 주제에 맞는 질문을 해주시면 우리가 생각을 정리해 볼게요."

인경 선생님도 좋은 제안을 해주셨다.

다른 선생님들의 어려움을 함께 고민하고 진심으로 공감해 주는 모습을 보니, 자신감을 잃고 기운 없이 축 처져 있던 어깨에 서서히 힘이 들어갔다. 따뜻한 공감과 격려 속에서 움츠러들었던 마음이 서서히 풀어지며, 다시 잘할 수 있을 거라는 믿음이 생겼다. 그리고 그 믿음이 다른 분들에게도 전해지는 듯했다. 이렇게, 우리는 함께 성장해 나가는 여정의 첫걸음을 내디뎠다.

4.
넘어지고 끌어주며 함께하는 발걸음

▲▽▲▽▲

홍서연

"선생님, 오늘은 어떤 책 봐요?"

4학년 여학생의 질문에 나는 미리 준비해 두었던 영어책을 꺼내 들었다. 아이들과 함께 표지 그림을 살펴보았다. 좁은 자갈길 위에 주황빛의 뚜껑 없는 큰 자동차가 한 대 서 있다. 차 안에 사람들과 동물이 가득 있어 다소 답답해 보인다.

"이 사람들은 누구일까요?"

"어디로 가려는 것일까요?"

"왜 좁은 차 안에 다 함께 타 있는 거예요?"

아이들이 질문을 끊임없이 던졌다.

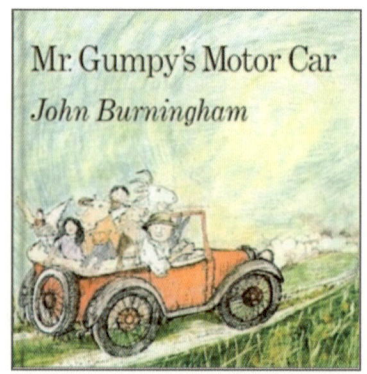

『Mr Gumpy's Motor Car』

오늘 읽을 책은 존 버닝햄(John Burningham)의 『Mr Gumpy's Motor Car』이다.

어느 화창한 날 검피아저씨는 차를 타고 산책을 떠나지만, 폭우와 진흙 길에 차가 갇히고, 결국 승객들이 협력해 차를 밀어 언덕을 넘어 집에 무사히 도착하며 즐겁게 지내는 이야기다.

책을 다 읽고, 어떤 질문이 생각나는지 물었다.
"선생님, 아이들이 왜 내려서 밀지 않았을까요?"
"검피아저씨 차에는 왜 뚜껑이 없어요?"
"큰길 놔두고 왜 좁은 들판으로 간 걸까요?"
"비가 올 것 같은데 그냥 돌아오지."

"아저씨 혼자 가지 왜 다 타라고 했을까요?"

"마지막에 다 같이 밀지 않았으면 어떻게 되었을까요?"

"다음에도 또 차를 타고 싶어 할까요?"

문제가 발생한 시점, 누구 하나 적극적으로 나서지 않은 승객들의 태도에 아이들은 이해가 되면서도 답답했나 보다. 그러나 상황이 심각해지자 모두 함께 힘을 합쳐 위기에서 벗어났고, 즐거운 산책길이 되었다는 부분에서는 모두 공감하는 듯했다.

마지막으로 각자 느낀 점을 적어보게 했다.

"미루지 말자!"

"자동차가 빠지면 그냥 견인차를 불러서 해결하자."

"검피아저씨와 같이 가던 일행들이 밀지 않으려고 한 것은 너무 게으른 것 같다. 내가 아저씨라면 화를 내서라도 밀게 했을 것이다."

"비 오는 날에는 차를 몰지 말자."

"항상 텐트를 차에 놓고 다니자."

"안 좋은 차를 타면 고생하니 좋은 차를 타자."

"놀러 갈 때는 날씨 예보를 잘 챙겨보자."

"날씨가 안 좋은 날에는 되도록 밖으로 나가지 말자."

"힘을 내면 잘할 수 있다."

"그래도 혼자 가는 것보다는 다 함께 가니깐 재미는 있을 것 같다."

아이들의 답변은 하나같이 재치가 넘쳤다. 질문을 만들며 대화하다 보니 어떤 아이들은 비슷한 생각을 공유하며 공감했고, 또 어떤 아이들은 저마다 다른 가치관을 드러내며 다양한 의견을 내놓았다. 한편, 답답한 상황에 화를 내며 감정을 드러내는 아이들도 있었다. 옳고 그른 것을 찾는 과정이 아니라, 서로 다른 의견을 이해하고 받아들이는 힘을 기르는 모습이었다. 위기 상황에서 나만의 욕심과 게으름보다는 힘들고 귀찮지만, 모두가 한마음으로 힘을 낸다면 조금 더 빠르게 목적지에 도달할 수 있다는 것도 깨달은 아이들이다.

책 쓰기를 시작하고 몇 번의 회의를 마친 후 우리의 마음도 이러하였다.
"저는 글쓰기를 잘하는 사람이 아니에요. 혼자서는 아마 시도하기가 어려웠을 거예요. 하지만 이미 시작했으니 이 여정을 끝까지 함께 완주하는 경험을 해보고 싶어요. 자기 페이스대로 혼자서만 가는 것이 아니라 다 함께 도우며 말이에요. 저 혼자 잘하는 게 아니고 선생님들께 도움을 드리면서 함께 하고 싶어요."

과제 마감일에 맞춰 글을 쓰지 못하는 사람이 있다면 함께 고민하며 최대한 돕고 싶다는 선생님.

"나만의 욕심을 버리고 함께하는 것이 중요해요. 배려하는 마음이 필요하겠지요. 이 책을 읽는 독자들이 '나도 해봐야지.'라고 느끼려면 나의 주장보다 공동의 생각과 공감이 더 중요할 것 같아요."

무엇보다 배려가 중요한 것 같다며 개인이 아닌 팀워크를 강조하신 선생님.

『Mr Gumpy's Motor Car』에서 검피아저씨와 일행들처럼 우리도 글쓰기 과정에서 어려운 일이 생기면 서로 등을 토닥이며 힘을 보태는 과정이 필요할 것이다. 때로는 진흙에 빠져 발버둥 치고 거센 바람에 앞이 보이지 않을 때도 있을 것이다.

그러나 얼굴이 붉어지고 다리가 미끄러질 만큼 힘을 다하다 보면 어느새 환한 햇살이 비치는 언덕에 도착하게 되지 않을까. 그곳에서 우리는 지나온 길을 돌아보고 다음 날의 글쓰기 산책길을 꿈꿔볼지도 모른다.

화창한 어느 날 검피아저씨처럼 말이다.

5.
색깔로 만나는 우리,
다름이 만들어낸 조화

▲▽▲▽

이정민

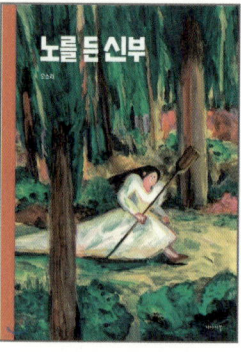

『잠깐만』　　　『노를 든 신부』　　　『당신의 마음에 이름을 붙인다면』

다양한 색깔이 어우러져 조화를 이루는 과정은 마치 한 편의 그림과 같다. 각자의 개성이 더해질 때, 새로운 의미가 탄생하고 창조성은 빛을 발한다. 서로 다른 이야기들이 교차하는 순간, 조화 속에서 더 깊은 아름다움이 드러난다.

"내일 당장 가자."

"음, 잠깐만…."

"아! 드디어 출발!"

"토끼야, 잠깐만…. 난 시간이 조금 걸려."

이팅 리의 『잠깐만』에서 거북이는 여행을 떠나기 전 여러 번 '잠깐만'을 외치며 철저히 준비한다. 그 모습은 자연스럽게 인경 선생님을 떠올리게 한다. 선생님도 일주일 여행을 위해 한 달 전부터 계획을 세우고, 핸드폰 메모장에 체크리스트를 작성하며 예상치 못한 상황까지 꼼꼼히 대비한다. 완벽을 추구하는 성향은 깊고 진한 인디고 색과 닮았다. 인디고는 신뢰와 우정, 이성적 사고와 논리를 상징하며, 차분하면서도 강한 인상을 주는 색이다. 부산 시각디자인 회원전과 대학 동문전에서 자주 사용했던 색이기에 내게도 특별한 의미를 지닌다. 인디고는 고요하면서도 지적인 분위기를 자아내며, 깊은 통찰과 지혜를 품고 있다. 선생님을 떠올릴 때면, 꼼꼼한 준비성과 따뜻한 신뢰가 자연스럽게 연상된다.

서연 선생님은 시작하지 못할 일이라면 아예 계획하지 않는 확고한 태도를 지니고 있다. 그러나 일단 시작하면 반드시 끝까지 해낸다. 이런 모습은 강렬하고 열정적인 빨간색을 떠올리게 한다. 도전과 기회를 마주하며 자신만의 길을 개척해 나가는 모습은 오소리의 『노를 든 신부』에 나오는 주인공을 떠오르게 한다. 빨간색은 도전 정신과 에너지를 상징하며, 주변에 긍정적인 영향을 전한다. 특히, 흰 드레스를 입고 노를 든 신부가 어떤 환경에서도 자기 정체성을 찾아가는 모습은 인상 깊다. 선생님이 특히 기억에 남는 장면은, 신부가 사냥꾼을 구하는 순간이었다. 그 장면에서 방황하던 주인공이 삶의 방향을 찾고 환하게 웃는 모습을 보며, 깊은 울림을 느꼈다고 한다. 서연 선생님에게 '노'는 단순한 도구가 아니라, 상대의 마음을 읽고 수업의 방향을 정확하게 잡아주는 도구이다. 아이들의 마음을 헤아리는 일이야말로 선생님의 가장 큰 역할이라고 했다. 빨간색처럼, 선생님의 열정과 따뜻함은 주변에 긍정적인 변화를 이끌고, 행운과 번영을 불러오는 에너지다.

그림책 힐링수다 수업을 통해 다양한 배경과 성향을 지닌 선생님들을 만나는 것은 내게 특별한 의미가 있다. 매주 목요일 밤 9시 30분, 줌으로 나누는 대화는 단순한 수업을 넘어 나를 돌아보고 성장할 기회를 준다. 그 과정에서 나 자신을 표현하는 방식도 점점 변해갔다.

나는 초록이 나를 가장 잘 나타내는 색이라고 생각한다. 초록은 균형과 안정, 평화와 휴식을 상징한다. 마리야 이바시키나의 『당신의 마음에 이름을 붙인다면』에는 '주아 드 비브르(joie de vivre)'라는 프랑스 말이 등장하는데, 이는 '살아 있다는 것만으로도 기뻐할 이유가 충분하다'는 의미를 담고 있다. 초록의 싱그러움처럼, 나 또한 현재의 삶에 감사하며 하루하루를 더욱 소중히 여기고 싶다.

선생님들의 열정과 가치관이 어우러지는 모습을 푸드로 표현해 보았다. 조화로운 균형을 강조하기 위해 인디고 색상의 접시를 선택하고, 블루베리, 빨간 파프리카, 방울토마토, 자색 양파, 청경채, 새싹채소를 재료로 활용했다. 각 재료는 저마다 고유한 의미를 지닌다. 블루베리는 기억력 향상에 도움을 주고, 파프리카는 면역력을 강화하며, 자색 양파는 심혈관 건강에 긍정적인 영향을 미친다. 초록 채소들은 몸과 마음에 활력을 불어넣는다. 이 모든 재료가 조화를 이루며 눈과 입을 즐겁게 하고, 건강까지 챙길 수 있는 특별한 경험을 선사한다. 우리가 함께 만들어가는 시간은 삶을 더욱 풍성하게 해주고, 서로 배우며 성장할 힘이 된다.

다양한 색깔이 모여 더 따뜻하고 조화로운 미래를 그려나갈 수 있기를 기대해 본다. 자신과 타인의 색깔을 이해하고, 다름이 만들어내는 조화 속에서 진정한 아름다움을 발견하는 여정에 함께하길 바란다.

함께 피어나는 향기

제 2 장

예술 하브루타,
소통과 치유의 일상

이정민

하브루타를 통해 예술과 삶이 연결되는
치유의 순간을 만나고, 소통과 배움을 이어갑니다.

1
천천히 피어나는 아이들
▲▽▲▽▲

"와, 과자다!"
"선생님, 오늘은 뭐해요?"

강당 문을 열고 들어서는 친구들이 테이블 위에 놓인 과자들을 보고 호기심 가득한 눈빛으로 나를 바라본다. 과자에 대한 기대감이 넘치는 모습이 정말 사랑스럽다.

"오늘은 무엇을 할 것 같아요?"
아이들은 내 질문에 귀 기울이지 않고 과자에만 집중하고 있다.
"모르겠어요. 음…. 그런데 맛있겠다."

"먹고 싶어요."

이 수업에 참여하는 15명의 아이는 모두 발달장애를 가진 여학생들로, 초등학교와 중학교에 다니고 있다. 이날 수업에서는 최숙희의 『너는 어떤 씨앗이니?』를 준비했다. 김성균의 동요 〈씨앗〉, "씨 씨 씨를 뿌리고 꼭꼭 물을 주었죠~"가 나오는 동영상을 함께 보며 아이들과 노래를 불렀다. 영상 속에서는 쪼글쪼글 못생긴 씨앗이 결국 온 마을에 향기를 퍼뜨리는 수수꽃다리로, 수줍게 숨어 있던 씨앗은 예쁜 접시꽃으로 활짝 피어났다. 하브루타 방식의 꼬리 질문을 이어가지는 못했지만, 아이들은 질문에 진지하게 대답하며 자기 생각을 표현했다.

"어떤 꽃이 될까요? 은진이부터 말해볼까요."
"음…. 해바라기요."
"이 씨앗은?"
"장미예요."
아이들에게 연꽃씨, 나팔꽃씨, 해바라기씨를 보여준 후, 해바라기씨로 오감 놀이를 진행했다.
"이 작은 씨앗을 보니 어떤 게 떠오르나요?"
보라는 반달을, 은송이는 눈썹을 떠올렸다. 상상력은 생각보다 훨씬 자유롭게 퍼져나갔다.

"정말 그러네요. 반달처럼 보이기도 하고, 은송이의 눈썹처럼 예쁜 곡선이 연상되네요. 손으로 만져보니까 어떤 느낌이에요?"

"부드러워요."

"미끌미끌해요."

"딱딱해요."

"이제 한 번 먹어볼까요? 해바라기 씨앗은 작으니 여러 개를 먹어보세요. 어떤 맛이 나나요?"

"고소해요."

"맛없어요."

"음~ 달아요."

각기 다른 느낌을 표현하는 아이들. 비록 언어가 서툴지만, 자기 생각을 전하려고 애쓰는 모습이 정말 대견하다.

2023년 3월, 푸드표현예술치료 수업을 처음 시작했을 때, 아이들은 낯설고 어색한 듯 거의 반응을 보이지 않았다. 하지만 시간이 흐르면서 조금씩 마음을 열기 시작했고, 마침내 자신만의 감정을 표현해 나갔다. 눈을 마주치지 못하던 아이들이 어느 순간 나와 시선을 맞추며 대화를 나누기 시작했을 때, 그 변화는 말로 다 표현할 수 없을 만큼 가슴 깊이 울림을 주었다. 비록 다른 아이들보다 느리지만, 이 아이들은 자신만의 속도로, 자신만의 이야기를 꺼낼 줄 아는 존재로 천천히 성장해 가고 있다. 그 여정을 함께하며,

마음을 열어준 아이들에게 진심으로 감사를 전한다.

해바라기씨로 오감 놀이를 마친 후, 우리는 어떤 씨앗이 되어 자라고 꽃을 피우고 싶은지에 대해 이야기 나누었다. '색종이 접기 선생님 꽃, 애견 미용사 꽃, 바리스타 꽃, 가수 꽃, 발레리나 꽃….' 아이들은 저마다 다양한 꿈을 펼쳐 보였고, 그중에서도 '가수 꽃'을 꿈꾸는 아이들이 가장 많았다.

이어서 과자를 활용해 각자의 꿈을 표현하는 시간을 가졌다.

"꿈을 푸드로 표현해 보세요. 오늘의 재료는 '후루트링 시리얼', '초코볼', '미니믹스 체다치즈', 그리고 '구운 감자'예요."

각자의 작품이 완성된 후, 아이들과 눈을 맞추며 어떤 꿈을 표현했는지 이야기를 나눴다.

"예린이의 꿈은 애견 미용사인데, 무엇을 표현했나요?"

"강아지를 표현했어요."

"와! 강아지 목에 예쁜 리본도 달아줬네요!"

구운 감자로 몸과 다리를 만들고, 후루트링 시리얼로 털을 표현한 강아지는 정말 사랑스러웠다. 아이들은 먹는 것보다 완성하는 데 집중하며 자신의 꿈을 형상화했다. 그 모습이 더욱 간절하게 느껴진 것은, 그들의 노력 속에서 꿈이 자라고 있음을 보았기 때문이다. 아이들의 맑은 눈빛을 보며, 나 역시 함께 꿈을 키워가고 있음을 깊이 깨닫는다.

그들이 피워낼 꽃은 어떤 모습일까. 아직은 작지만, 분명히 아름다울 것이다.

> **속닥속닥 하브루타 비밀 질문**
> ▶ 당신은 어떤 씨앗이 되고 싶나요?
> ▶ 누군가가 당신의 가능성을 믿고 기다려준 적이 있나요?

『너는 어떤 씨앗이니?』

애견미용사 꽃

2.
새로운 도전, 난타로 하나 되다
▲▽▲▽▲

"동해 언니, 지난번에 난타 배우신다고 하셨죠?"

"맞아요. 7년째 하고 있지. 지금 시작하면 12월에는 다른 팀들과 공연도 가능하겠네. 배울 생각이 있으면 소개해 줄까요?"

올해 75세인 이웃 언니가 난타 수업을 소개해 주었다. 예전부터 난타를 배우고 싶어 평생교육원을 알아보았지만, 일정이 맞지 않아 포기하려던 참이었다. 혼자 시작하기엔 용기가 필요했고, 조금은 멋쩍기도 했다. 그래서 긍정의 아이콘인 동생과 바쁜 언니까지 꼬드겨 함께 하자고 했다. 그렇게 세 자매가 난타 수업을 시작한 지 어느덧 석 달이 흘렀다.

첫 수업 날, 지하 문화센터의 문을 여는 순간, 눅눅하고 퀴퀴한 냄새가 코를 찔렀다. '이런 곳에서 정말 수업이 가능할까?' 하는 생각에 나도 모르게 고개를 갸웃했다. 크기도, 모양도 제각각인 북들이 가지런히 놓여 있었고, 낯선 그 풍경에 마음 한편이 긴장으로 조여들었다.

잠시 후, 약속된 시간이 되자 노란 머리카락을 하나로 질끈 묶고, 복고풍 알프스 소녀 같은 복장을 한 선생님이 방글방글 웃으며 문을 열고 들어왔다. 바로 전 수업을 마치고 부리나케 달려오신 모양이었다. 다소 촌스러운 복장도, 엉뚱하면서 다정한 표정도 묘하게 잘 어울렸다.

"차렷! 인사부터 할까요?"
"네!"
"북채는 이렇게 잡고, 북 가운데를 둥둥 아홉 번, 태를 한 번 칩니다."

우리는 초등학생처럼 호기심 가득한 눈으로 선생님을 바라보았다. 북채를 받아들고 박자를 익히려 했으나, 박자도 동작도 자꾸만 엉켰다. 서로 눈이 마주치면 어색한 웃음부터 터져 나왔고, 그 웃음 속에서 우리는 조금씩 긴장을 풀었다. 몇 번을 반복하다 보니 '쿵쿵' 소리에 맞춰 몸이 리듬에 반응하기 시작했다. 댄스 난타는 단순히 북만 두드리는 게 아니었다. 북채를 들고 춤까지 취야 했기에 생각보다 훨씬 역동적이고 흥겨운 활동이었다. '두둥둥 쿵 딱 쿵 딱', 처음엔 그 리듬을 외우는 것조차 쉽지 않았지만, 점점 몸이 음악을 따라가기 시작했다. 반복 속에서 익숙해지고, 익숙함 속에서 즐거움이 피어났다.

트로트인 미스터 팡의〈줄리아〉를 시작으로 장윤정의〈어부바〉, 양혜승의 〈화려한 싱글〉, 코요태의〈순정〉까지 차례로 배워나갔다.

첫날엔 간단한 악보 설명이 끝나자마자 곧바로 노래에 맞춰 북을 두드리라고 해서 솔직히 당황스러웠다. 기본 동작부터 하나씩 배우는 줄 알았는데, 악보를 보며 동작과 리듬을 동시에 따라가야 했다.

'줄리아 아아아아…'라는 구절에선 팔을 위로 뻗어 사선으로 길게 펼치고, 손바닥을 빙글빙글 돌린 다음 가슴을 양팔로 감싸며 한 바퀴 돌아야 했다. 처음엔 팔이 마음대로 안 올라가고 동작이 자꾸 꼬였다. 음악은 흥겨운데, 몸은 둔한 나무토막 같았다.

"언니, 연습했어?"
"조금. 너는?"
"나는 연습을 못 했어."

북채 소리가 커서 아파트에선 연습도 조심스러웠다. 그래서 수업 시작 30분 전에 미리 도착해 북을 두드리며 리듬을 익히곤 했다. 나는 평소에 춤테라피를 하고 있지만, 난타의 춤사위는 또 달랐다. 단순한 동작 같지만, 박자와 호흡, 동선까지 고려해야 했다.

성인이 된 이후, 자매 셋이 함께 몸을 움직여보긴 처음이다. 그래서인지 낯설지만 동시에 특별하고, 어쩐지 웃음이 자꾸만 나왔다.

이번 곡은 문희옥의〈평행선〉. 선생님이 미리 보내주신 영상 속 동작은 꽤 복잡해 보였다.

언니가 조심스레 입을 열었다.
"북 치는 것보다 동작이 더 많아. 다른 곡을 하면 좋겠어."
"맞아. 동작이 많아서 어렵긴 해."
"북 치는 건 괜찮은데, 동작까지 하려니 따라가기 힘들어."
"그럼 북하고 동작을 따로 연습해 보면 어때?"
"그렇게 하면 좀 나을까…?"
언니의 목소리에는 살짝 주저함이 묻어났다.
그때, 선생님이 다가와 환한 미소를 지으며 말했다.
"〈순정〉을 해보셨으니, 이 곡은 훨씬 쉬워요. 충분히 하실 수 있어요."
"맞아, 우리보다 나이 많은 분들도 했다는데, 못 할 게 뭐람." 우리는 씩 웃으며 다시 북채를 쥐었다.

집에 도착하자마자 북채를 들고 베개를 북 삼아 두드려 보았다. '덩덩 따 따 쿵 따쿵….' 수업에서 배운〈순정〉의 리듬이 자연스럽게 손끝에 스며들었다. 북을 두드릴 때마다 오늘의 장면들이 하나둘 떠올랐다. 언니의 약간 지친 표정, 동생의 흥얼거림, 나도 모르게 따라 웃던 순간들까지 또렷이 되살아났다. 그 웃음 뒤에 깃든 각자의 하루가 떠오르자 그 안에 담긴 고단함과 애틋함이 가슴을 찔렀다.

그 순간, 문득 이런 생각이 스쳤다. '지금 내가 진짜 나답게 살아가고 있는 걸까?'

도전은 언제나 낯설고 어렵다. 하지만 그 안에는 꼭 '함께하는 누군가'가 있었다. 때로는 말없이 곁을 지켜주는 가족이, 때로는 선생님의 따뜻한 격려 한마디가 나를 다시 북 앞에 서게 만든다.

난타는 이제 단순한 취미가 아니다. 세 자매의 마음이 북소리로 얽히고, 기쁨과 응원이 박자로 이어지는 시간. 우리는 여전히 배워가는 중이고, 그 배움은 생각보다 더 깊고 따뜻하다.

속닥속닥 하브루타 비밀 질문

▶ 당신에게 '도전'이란 어떤 의미인가요?

▶ 가족이나 친구와 함께 도전해 보고 싶은 새로운 일은 무엇인가요?

3.
괜찮아, 너는 소중해
▲▽▲▽▲

사랑의 팔찌

"선생님, 이거요."

해란이가 어눌한 말투로 손을 내밀었다. 작은 손바닥 위에는 조그만 팔찌가 놓여 있었다.

"나에게 주는 거야? 해란이가 만든 거니?"

내가 놀란 듯 묻자, 그녀는 조용히 고개를 끄덕였다.

"와, 이렇게 소중한 걸 나한테 주다니. 정말 고마워."

감탄하며 팔찌를 손목에 끼우자, 쑥스러운 듯 웃으며 조심스러운 목소리로 말했다.

"예뻐요."

발달장애인들과 함께하는 '푸드표현예술치료'는 다양한 식재료를 활용해 감정을 표현하고, 결과물을 만들어내는 예술 활동이다. 이 프로그램에 참여한 열아홉 살의 해란이는 다운증후군을 가지고 있으며, 신체적으로도 다양한 특성을 지니고 있다.

처음 수업을 시작할 당시만 해도 이 아이는 눈을 마주치지 못한 채 작은 목소리로 "좋았어요."라고만 말하곤 했다. 하지만 이제는 제법 목소리도 커졌고, 눈을 맞추려는 노력도 엿보인다.

이번 수업은 자아존중감과 자신감 향상을 돕는 활동으로, 최숙희의 『괜찮아』를 적용했다. 최숙희 작가는 동물들의 생태적 특징을 통해 생명의 소중함을 전하며, 아이들이 저마다 지닌 고유한 장점을 발견하고 자존감을 키울 수 있도록 돕는다. '누구나 잘하는 것이 있다'는 믿음을 아이들 마음속에 심어 주고자 했다.

푸드로 표현하는 활동에 앞서, 아이들과 함께 김성균의 동요〈괜찮아요〉영상을 감상했다. 이 노래는 스스로의 존재를 긍정하고 용기를 북돋는 따뜻한 메시지를 담고 있다. 음악을 좋아하는 그녀는 화면을 바라보며 누구보다 큰 목소리로 노래를 따라 불렀다.

이어서 『괜찮아』의 동영상을 함께 보며, 책 표지를 중심으로 자연스럽게 이야기를 나누었다. 등장하는 동물들에 대해 의견을 주고받으며, 각자의 특별함을 발견해 가는 아이들의 눈빛이 반짝였다.

"표지에서 어느 부분이 가장 먼저 눈에 띄나요?"

내가 묻자, 아이들은 고개를 들고 표지를 들여다보았다.

"눈이요."

"얼굴이요."

"이 아이는 어떤 표정인가요?"

표지를 가리키며 묻자, 해란이는 작은 목소리로 "웃고 있어요."라고 대답했다.

"기억에 남는 장면이 있나요?"

"동물들이 나와요!"

아이들은 하나둘씩 대답을 이어갔다. '개미', '고슴도치', '사자', '뱀'….

책 속 동물 중 가장 좋아하는 것을 묻자, 해란이가 기린을 가리켰다.

"키가 커요."

나는 미소 지으며 다시 물었다.

"기린이 왜 좋아요?"

그녀는 수줍게 웃기만 했다.

"키가 큰 기린처럼 되고 싶은가 봐."

얼굴이 살짝 붉어진 채 고개를 끄덕였다.

"뭐든 열심히 하니까 기린처럼 특별한 장점이 있을 거야. 가장 자신 있는 건 뭐라고 생각해요?"

잠시 고민하더니 밝게 웃으며 답했다.

"블록 쌓기요!"

"와, 블록 쌓기를 제일 잘하는구나!"

그림책 속 동물들이 각자 특별한 장점이 있는 것처럼, 아이들도 자신이 잘하는 것을 떠올리며 푸드로 표현하는 시간을 가졌다. 해란이는 과자를 이용해 백설 공주를 만들었고, 공주가 되어 블록을 쌓고 싶다고 말했다. 이 활동에서는 '새우깡', '초코볼', '구운 감자', '왕꿈틀이', '에이스', '후루트링 시리얼' 등 다양한 과자가 재료로 활용되었다.

『괜찮아』

백설공주

집에 돌아온 나는 해란이가 정성스럽게 만든 팔찌를 천천히 바라보았다. 플라스틱 구슬 25개를 하나하나 실에 끼우며 집중했을 그녀의 모습이 떠올랐다. 몇 번이나 구슬을 떨어뜨리고 다시 주우며 끼웠을 손끝이 아팠을지도 모른다. 결국 완성된 초록색 팔찌 위에는 해란이의 해맑은 웃음처럼 노란 꽃잎 두 송이가 활짝 피어 있었다. 초록색은 평화와 조화의 색이다. 피곤할 때 바라보면 마음이 편안해지고, 때로는 당당한 자신을 표현하는 색이기도 하다. 어쩌면 해란이는 이 팔찌에, 자신만의 용기와 세상을 향한 따뜻한 마음을 담았을 것이다. 다음 수업엔 꼭 이 팔찌를 차고 가야겠다.

해란이의 마음이 고스란히 담긴 이 작은 선물은, 나에게 잊을 수 없는 특별한 의미가 되어줄 것이다.

속닥속닥 하브루타 비밀 질문
▶ 당신은 누군가에게서 받은 '작지만 잊을 수 없는 선물'이 있나요?
▶ 고마운 사람에게 마음을 표현해 본 적이 있나요?

4.
엄마의 하루는 오늘도 진행형
▲▽▲▽

1) 93세, 공부하는 삶의 철학

저녁 7시, 엄마에게서 전화가 왔다.

"야, 옛날에 네가 공부했던 일본 국민학교 교과서, 가지고 있냐?"

갑작스러운 질문에 나는 놀라 되물었다.

"아니, 없는데. 그게 언제 적 이야기야."

엄마는 실망스러운 말투로 말씀하셨다.

"그래, 그럼 서점에 가서 4학년 일본 국어 교과서를 사서 보내라. 3학년은 한자가 얼마 없어서 재미없을 것 같고, 4학년은 좀 읽을 만할 거야."

엄마의 나이는 아흔셋. 요양병원에 계신 지 3년이 넘었지만, 여전히 배움을 향한 열정으로 하루하루를 채워가고 계신다. 치매 예방을 위해 신문을 읽고, 아침에는 『천도경』, 저녁에는 『금강경』을 읽으며 일과를 지키신다. 얼마 전엔 "일본 교과서라도 있으면 공부할 수 있을 것 같아." 하셨고, 동생에게는 영어 알파벳을 쓰기 위한 넓은 칸 공책을 부탁하시기도 했다. 병원이라는 제한된 공간 속에서도 배움을 놓지 않으시는 엄마의 모습은 삶에 대한 의지이자 무료함을 이겨내는 지혜였다. 박상철은 『웰에이징』에서 장수의 공통점을 '포기하지 않는 마음'이라 했는데, 엄마는 그 진리를 몸소 실천하고 계신다.

『3학년 국어 교과서선』과 『4학년 국어 교과서선』을 보내드리자, "괜히 신경 쓰게 했다."고 하셨지만 정작 3학년 교과서는 하루 만에 다 읽으셨다.

"3학년 교과서는 읽기는 쉬운데 쓰기는 어려워. 요즘 일본어 문장은 예전과 아주 다르더라."

교과서를 통해 어린 시절을 떠올리신 엄마의 모습에서, 나는 '배움'이 단순한 지식이 아니라 삶의 힘임을 느꼈다. 대니얼 J. 레비틴의 『석세스 에이징』에 따르면, 나이가 들수록 과거의 기억이 더 선명해지는 이유를 '반복과 회상을 통한 기억의 강화'라고 설명한다. 엄마는 책 속 문장을 따라가며, 반복과 회상을 통해 오래된 기억의 문을 여셨다.

"내가 예전에 배운 내용은 말이지…."

엄마의 목소리엔 학창 시절의 기억이 생생하게 살아 있었다. 그 회상은 단순한 추억이 아니었다. 과거의 경험은 엄마의 현재를 더욱 풍요롭게 했고, 그 과정을 통해 '내가 여전히 살아 있다'는 삶의 감각을 되찾으셨다.

"엄마, 사드린 일본 교과서 중에 어떤 게 제일 재미있었어요?"
"다 재미있지. 4학년 책 중엔 '기이로이 보오루'(黃色いボール)가 제일 재밌어. 강아지 이야기야."
"왜 그 이야기가 재미있어요?
"그쪽을 읽으면 막내 생각이 많이 나. 똘망이를 키웠잖아."

책 내용은 주인이 도쿄로 전근을 가게 되었지만, 사랑하는 강아지 타로를 데려갈 수 없었다. 그는 타로가 좋아하던 노란 공을 강물에 던져 주의를 돌린 뒤, 타로가 돌아보기 전에 조용히 떠나버렸다. 그날 이후 타로는 사라진 주인을 찾아 강가를 헤매기 시작했다.

"어떤 장면이 가장 기억에 남아요?"
"노란 공을 입에 물고 주인을 찾으러 다니는 장면이 제일 기억에 남아. 혼자서 얼마나 헤맸겠니."
"주인을 찾았어요?"
"아니, 못 찾지. 그냥 두고 가버렸는데."
"엄마 주위엔 타로처럼 외로워 보이는 사람이 있어요?"

"흠…, 그런 사람도 있지. 근데 마지막엔 타로가 새집을 만나. 여자아이가 타로를 데려가거든."

그 장면이 다행이라며, 타로가 새로운 가족을 만나 위로받은 것처럼, 엄마도 누군가에게 따뜻한 존재가 되고 싶어 하신다. 교과서와 관련된 질문에 엄마는 재미있다고 생각한 문장을 또박또박 크게 읽으셨다.

"오카아상 우치데 카오우. 온나노 코노 코에가 시타. 쿠비와 츠케테 이루카라, 요소노 이누 데쇼오…."

(お母さんうちで飼おう。女の子の声がした。首輪つけているから、よその犬でしょう。…)

그 문장을 읽으실 때 엄마의 표정은, 단순히 과거를 떠올리는 노인이 아니라, 여전히 세상과 연결된 한 사람으로서 생동감이 넘쳤다. 과거의 배움은 지금의 삶에 활기를 불어넣었고, 그 활기는 병원 속에서도 계속되고 있었다.

그 배움의 연장선에는 '나눔'이 있었다. 엄마는 늘 휴게실에서 다른 환자들과 이야기를 나누고, 딸들이 가져온 간식도 함께 나누신다.

"내 큰딸이 귤을 가지고 왔는데, 이것 좀 먹어봐."

엄마는 시간을 흘려보내지 않고 그 안에서 여유와 멋을 발견하고 계신다. 박상철은 '삶은 어울림과 나눔, 그리고 여유에서 우러나는 멋'이라 했는데, 엄마는 그 삶을 실천하고 계신다.

가끔 엄마는 이렇게 말씀하신다.
"내가 이렇게 공부하는 걸 어디에 써먹을 거여, 뭘 할 거여. 치매 안 걸리려고 하는 거야. 인생 서글퍼, 서글퍼…. 여긴 더해. 내 주위엔 치매 환자들만 있어. 자기 이름도 몰라. 지금 자기가 뭘 했는지도 몰라. 난 그렇게 안 되려고 공부해."

엄마는 고관절 수술 후 코로나까지 겹치며 병원 생활이 길어졌지만, 퇴원을 준비하며 매일 재활 운동을 하고 계신다. 그날이 오면 나는 엄마에게 감자, 애호박을 듬뿍 넣고, 백년초와 시금치 가루로 반죽한 수제비를 해드리고 싶다. 백년초는 열정과 사랑, 시금치는 자양분을 상징한다. 바나나 껍질과 백년초, 시금치 가루로 만든 장미꽃처럼, 엄마는 지금도 가늘지만 아름다운 꽃을 피우고 계신다.

엄마의 삶은 나에게 분명한 메시지를 전한다.
나이는 숫자일 뿐, 너무 늦을 때란 없다는 것.

배움과 나눔, 그리고 희망으로 가득 찬 엄마의 일상은 우리가 어떻게 나이 들어야 할지를 조용히 일러준다.

엄마의 이야기는 끝난 게 아니다. 오늘도 여전히 진행 중이다.

그 이야기는 우리가 함께 써 내려가는, 인생이라는 청춘의 연대기다. 삶은 매 순간 새로운 시작을 허락하며, 엄마는 그 사실을 누구보다 잘 보여주고 계신다.

아름다운 삶

2) 손끝에서 피어나는 만다라

93세의 엄마는 교과서를 읽으며 여전히 세상과 연결되어 있었다. 시간은 흘러 1년 후, 엄마는 이제 손끝으로 세상을 배우고 계신다. 색연필을 쥐고 도안 위에 색을 채우며, 기억을 불러내고 사랑을 표현하는 새로운 공부를

시작하신 것이다.

늦은 밤, 핸드폰 벨이 울렸다. 화면에 뜬 '엄마'라는 이름에 마음이 먼저 따뜻해졌다.

"엄마? 이렇게 늦게 무슨 일이세요?"
"집이냐? 예전에 아버지랑 색칠하라고 줬던 거, 아직도 가지고 있니?"
"아, 그거요? 왜요?"
"일본 책만 보니까 지겹다. 손가락도 잘 안 움직이고…, 색칠할 거 있으면 올 때 좀 가져와라."

예전에 치매 예방을 위해 엄마께 '만다라' 도안을 드린 적이 있었다. 그땐 "이건 아이들이나 하는 거지." 하시며 손사래를 치셨던 엄마였다. 그런 엄마가 요양병원 생활의 단조로움 속에서 다시 '만다라'를 찾으셨다. 나는 여러 장의 도안을 프린트해 들고, 엄마를 찾아갔다.

올해 아흔넷.

엄마는 여전히 손끝을 움직이며, 조용한 하루하루에 작은 기쁨을 불어넣고 계셨다.

"손가락도 굳고, 책만 보니까 지루해."

짧은 한마디 안에 엄마의 지루함과 삶에 대한 의지가 함께 담겨 있었다.

색칠이 다시 시작되었다.

'만다라'는 본래 산스크리트어로 '본질'과 '소유'를 뜻한다.

우주의 질서와 내면의 평화를 찾는 명상의 도구이지만, 엄마에게는 조금 달랐다. 그것은 그저 소박하고 따뜻한 의미였다. 색을 칠하며 기억을 꺼내고, 사랑을 표현하며, 시간을 견뎌내는 삶의 방식이 되었다.

"이 꽃, 우리 마당에 피던 거랑 닮았지?"
"이건 내가 어릴 때 뛰놀던 들판 색깔이야."

색칠은 단순한 행위가 아니었다. 엄마는 색을 고르며 기억 속을 거닐었고, 도안 위에는 삶의 조각들이 하나씩 조용히 쌓여갔다.

"엄마, 어떤 그림이 가장 마음에 드세요?"
"이 손 그림. 네 방향으로 칠한 거."
"왜요?"
"그 안에 너희 사남매가 있잖아. 자손들 건강하게 자라길 바라는 마음을 담았거든. 제목도 '자손 건강하게' 야."

네 개의 손은 각기 다른 색으로 채워져 있었다.

"이 살구색 손은 선민이야. 순하고 착하잖아."

"너는 활발하고 성격이 급하니까 빨간색."

노란 손은 오빠, 주황은 막내 여동생. 엄마의 설명을 듣고 다시 그림을 보니, 색 하나하나에 사랑과 세심한 관찰이 깃들어 있었다.

"색칠하면서 어땠어요?"

"시간 가는 줄 몰랐지. 안 하면 심심해."

엄마의 추억과 만다라

그림 속에 담긴 건 단지 색이 아니었다. 가족을 향한 엄마의 마음, 자식 하나하나를 바라보는 시선, 그리고 말보다 더 깊은 사랑이었다. 꽃다발을 칠할 땐 딸들을 떠올리셨고, 비둘기를 칠할 땐 일제강점기 시절 불렀던 일본 동요를 흥얼거리셨다.

"하토폿포 하토폿포, 마메가 호시이카, 소라 야루조, 민나데 나카요쿠, 타

베니 코이"

(はとぽっぽ はとぽっぽ, まめが ほしいか, そらやるぞ, みんなで なかよく, たべにこい)

그 순간, 무채색 같던 시간이 엄마의 손끝에서 처음으로 물들기 시작했다.

"이번 그림에는 부처님도 있고, 절도 있고, 아이들 모습도 있네. 재밌게 색칠할 수 있겠어."

새로운 도안을 손에 든 엄마의 얼굴엔, 아이처럼 설렘이 가득했다. 그 모습은 단순한 취미 그 이상이었다.

아흔넷.

엄마는 여전히 하루를 배우고 계신다.

자신만의 방식으로 사랑을 표현하고, 살아 있음을 조용히 증명하고 계신다. 엄마의 색칠은 단순한 놀이가 아니다. 그건 기억을 잇는 징검다리이며, 가족을 향한 기도이고, 후손에게 전해주는 조용한 유산이다.

엄마의 손끝에서 피어난 그 색들은 오늘을 살아가는 우리에게 조용히 묻는다.

우리의 하루는 무엇으로 채워지고 있을까,

어떤 마음으로 물들어가고 있을까.

속닥속닥 하브루타 비밀 질문

▶ 당신의 하루는 어떤 색인가요?

▶ 누군가를 위해 색을 고른다면, 어떤 색으로 누구를 표현하고 싶나요?

5.
그리움을 춤추다, 다시 만난 순간들

▲▽▲▽▲

꿈을 향해 함께하는 우리

2024년 11월 9일, 아침 9시 30분부터 저녁 6시까지 한국춤동작심리상담협회 제8회 콘퍼런스가 열렸다. 오랜만에 들려오는 반가운 목소리가 귀를 울렸다.

"와, 정민 샘! 얼굴도 안 보여주고 어떻게 지냈어요?"

서로 얼싸안으며 반가움을 나누는 순간, 마치 시간이 멈춘 듯했다. 함께 했던 순간들이 파노라마처럼 스쳐 가고, 가슴 깊이 묻어두었던 춤추고 싶다는 열망이 되살아났다.

그동안 바쁜 일상에서 춤은 늘 뒷전이었다. 춤에 대한 그리움이 쌓일수록 마음 한구석은 텅 비어갔다. 이번 콘퍼런스만큼은 꼭 가야겠다고 마음먹었지만, 감기 기운이 더해 오랜만에 만남이 어쩐지 낯설고 조심스러워 자꾸만 주저하게 됐다. '오래돼서 아는 사람들이 있을까? 날 기억해 줄까?' 하는 생각이 머릿속에서 좀처럼 떠나지 않았다. 그래도 결국 밤 기차를 타고 서울로 향했다.

다음 날 아침, 몸이 완전히 회복되진 않았지만 '이왕 올라왔으니 가보자.'는 마음으로 과천 로고스 홀에 도착했다.

입구에 들어서자 익숙한 얼굴들이 하나둘 눈에 들어왔다.

15년 전 함께했던 도반들이 여전히 따뜻한 미소로 나를 맞아주었다. 박선영 교수님 부부도 변함없는 온기로 손을 내밀어 주셨다. 그 순간, 오래된 불안이 사라지고 마음은 금세 편안해졌다. 전국 각지에서 모인 선생님들과 자연스럽게 인사를 나누며 익숙한 공간 속으로 스며들었다.

음악이 흐르자, 몸은 그 흐름에 맞춰 저절로 움직였고, 굳어 있던 감정들이 하나둘 녹아내렸다. 다양한 춤 동작이 이어지는 가운데, 강순옥 회장님의 '우리 마을에서 춤추기' 사례 발표와 최원 선생님의 창의적인 춤 시간은 우리 모두를 몰입의 세계로 이끌었다. 특히 로제의 〈아파트〉를 재해석한 동작은 남녀노소 쉽게 따라 할 수 있어 큰 호응을 얻었다. 웃음과 활기가 가득한 무대에서 우리는 하나가 되었다.

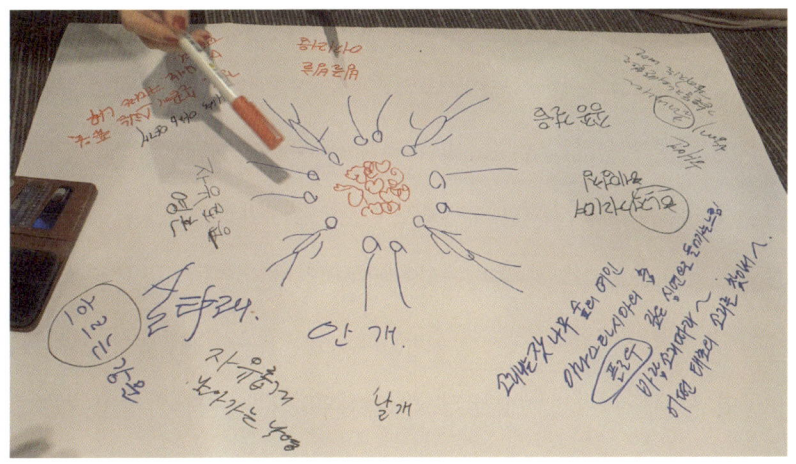

음악을 듣고 떠오르는 단어들

『행복을 기르는 새』

이후 여섯 팀으로 나뉘어 즉흥 춤을 연출하였다. 우리 팀은 바비 맥페린(Bobby McFerrin)의 명상 음악 〈커먼 트레스〉(Common Threads)에 맞춰 춤을 구성했다. 반복되는 선율을 들으며 떠오른 단어인 '안개, 날개, 자유롭게, 종종걸음, 흐르는 강물, 빙글빙글….'을 모아 '꿈을 향해 함께하는 우리'라는 주제를 정했다. 우리는 흐르는 강물이 되어 유연하게 몸을 움직이고, 안개 속에서 길을 찾는 물고기가 되었다가, 자유롭게 하늘을 나는 새가 되었다. 그리고 마지막에는 서로에게 꽃을 건네며 희망을 나누는 장면으로 무대를 마무리했다. 음악과 몸짓이 어우러진 순간순간은 마치 짧은 이야기 한 편처럼 다가왔다. 각자의 움직임 속에 스며든 감정과 상상이 조화를 이루며, 무대는 하나의 생생한 서사로 완성되었다. 이 시간을 통해 나는 일상의 틀을 벗어나, 감정을 온전히 느끼고 표현하는 자유를 경험했다. 춤이 끝난 후 밀려온 벅찬 감동은 말로 다 표현할 수 없을 만큼 깊고 따뜻하게 마음에 남았다.

그 모든 경험이 내 삶에 얼마나 큰 의미를 지니는지 다시금 깨닫는 순간, 지난여름 읽었던 야나의 『행복을 기르는 새』의 깜비아노가 떠올랐다. 깜비아노가 씨앗을 심고, 어떤 열매가 맺힐지 기대하며 행복한 마음으로 기다리는 모습은 내가 도전하며 이루려 했던 일들과 겹쳐 보였다. 깜비아노가 심은 씨앗에서 책과 음악이 피어나듯, 내가 심은 씨앗이 춤이라는 열매로 맺어져 나를 행복으로 이끌었다. 그리고 그 열매는 또 다른 씨앗이 되어, 오늘 이 자리에서 선생님들과 즉흥 춤으로 꽃을 피웠다.

무대 위의 춤은 단순한 움직임이 아니었다. 그것은 내면의 이야기, 기억, 꿈이 담긴 언어였다. 웃고, 울고, 포옹하며 나눈 그 순간들은 내 삶에 빛나는 조각이 되었다.

그 따뜻한 장면들이 내 안에 잔잔히 스며들며, 삶의 방향을 다시 바라보게 했다. 앞으로도 나는 춤을 통해 나 자신을 깊이 들여다보고, 다른 사람의 몸짓이나 표정, 움직임에 담긴 마음을 섬세하게 느끼며 살아가고 싶다. 즉흥 춤 속에서 우리는 말없이도 서로를 이해하려 노력했고, 그 순간순간이 깊은 공감으로 이어졌다. 춤은 나를 움직이게 하는 힘이며, 나와 타인을 연결해 주는 다리다. 춤이라는 매개를 통해 우리는 서로의 마음에 다가설 수 있고, 그 연결이 있는 한 우리의 삶은 언제나 따뜻하고 아름다울 것이다.

속닥속닥 하브루타 비밀 질문
▶ 최근에 몸짓이나 움직임으로 감정을 표현해 본 적이 있나요?
▶ 무언가를 다시 시작하고 싶지만, 망설였던 경험이 있나요?

6.
그림책과 푸드로 만드는 작은 우주
▲▽▲▽▲

둘째 딸의 아파트 문이 열리자, 현관에 서 있던 네 살 이준이가 환한 미소로 달려왔다. 그의 해맑은 웃음이 마치 따스한 햇살처럼 스며들며 하루의 피로를 단숨에 날려주었다. 발끝으로 폴짝폴짝 뛰어오는 모습이 사랑스럽기만 했다.

"할머니, 거미 노래 틀어주세요!"
"거미 노래?"
"거미가 줄을 타고 올라갑니다!"

이준이는 손가락으로 거미가 줄 타는 모습을 흉내 내며 동요를 흥얼거렸다. 내가 유명금의 『꼬마 거미 당당이』를 꺼내자, 그의 눈동자가 호기심으로 반짝였다. 이 책은 다리가 하나 짧지만, 모든 일을 스스로 해내려는 작은 거미의 이야기다. 표지를 바라보던 이준이가 갑자기 큰 소리로 말했다.

"거미 눈이 이상해요."
그는 작은 손가락으로 거미의 눈을 가리키며 놀란 표정을 지었다.
"할머니! 거미 다리가 하나 짧아요!"
그림책 속 거미의 슬픈 표정을 바라보던 이준이는 시무룩한 얼굴로 말했다.
"엄마를 찾으러 가는 것 같아요."

그는 그림책을 통해 관찰력을 키워가고 있었다. 당당이가 스스로 거미줄 집을 완성하는 장면을 보며, 문득 이준이는 무엇을 혼자 할 수 있을까 궁금해졌다.

"이준아, 너는 어떤 걸 혼자 할 수 있어?"
"밥도 혼자 먹고, 옷도 혼자 입고, 신발도 혼자 신어요!"
자신 있게 대답하는 그의 모습에서, 스스로 할 수 있는 일에 대한 자긍심이 느껴졌다.

푸드 놀이가 시작되었다. 이준이는 과자와 과일을 이용해 '우리 집'을 만들었다. '짱구', '초코스틱', '제크 크래커'로 여러 채의 집을 만든 그는 그중 가장 큰 집을 가리키며 "여기는 엄마 집이에요."라고 말했다. 그 속에는 엄마를 향한 따뜻한 마음이 담겨 있었다.

누나와 형이 수업을 듣는 동안, 나는 이준이와 함께 냉장고에서 콩나물, 귤과 셀러리를 꺼냈다. 이준이는 어린이용 칼을 조심스럽게 쥐고 귤과 셀러리를 자르며 말했다.

"이건 빨간 꽃이에요! 빨간 열매가 주렁주렁 달렸어요."
"그 꽃은 어디서 왔을까요?"
"저기 보이는 구름 위에서요. 할머니 창밖 구름이 보이지요."
"저 구름?"
"아니 동글동글하게 생긴 구름."
"그게 어떻게 여기까지 왔는데?"
"바람이 데리고 왔어요! 그런데 바람이 떨어뜨리고 갔어요."

보람의 『파닥파닥 해바라기』를 본 뒤 과자 창고에서 '새우깡', '뻥 과자', '초코팝콘'을 꺼내 해바라기를 만들며 말했다.
"작은 해바라기가 물과 햇빛을 받아 이렇게 커졌어요."

푸드 작업 중

빨간 꽃

『꼬마 거미 당당이』

우리집

    마르쿠스 피스터의 『무지개 물고기』를 보며 상어 때문에 놀란 물고기를 표현하는 과정에서도 상상의 나래는 끝없이 펼쳐졌다.

    "물고기는 어디로 가고 있어요?"

    "엄마한테 가다가 상어를 만났어요."

    "그다음에는?"

"상어를 보고 놀라 눈이 두 개로 변했어요."

"그 물고기는 어떻게 되었을까요?"

"블랙홀로 들어갔어요. 할머니, 블랙홀 알아요?"

이준이에게 세상은 어른들의 눈으로는 보이지 않는 신비롭고 무한한 가능성의 공간이다. 귤 한 조각, 그림책 속의 거미, 접시 위의 과자까지도 그의 눈에는 이야기로 가득한 우주다.

어른들이 도전할 때마다 '안될 거야.'라고 할때, 이준이는 상상의 날개를 펼쳐 세상을 자신만의 방식으로 새롭게 그려나갔다. 단순한 놀이가 아니라 이야기가 시작되는 마법의 시간이었고, 그 속에서 그는 자신만의 작은 우주를 하나씩 만들어갔다.

이처럼 아이들의 상상력은 특별한 교육이 아니라, 일상의 소소한 경험에서도 얼마든지 자라날 수 있다. 그림책 한 권, 간식 몇 개만으로도 아이는 세상을 배우고, 자신만의 세계를 창조해 나간다. 그 세계는 때때로 어른들에게 잊고 지낸 감각과 감성을 일깨워주는 소중한 공간이 되기도 한다. 아이와 함께하는 시간 속에서 어른인 우리는 얼마나 자주, 그의 시선에 귀 기울이며 세상을 바라보고 있을까? 아이가 만들어내는 상상의 우주는 오늘도 조용히 피어나며 우리 곁에 머물고 있다.

속닥속닥 하브루타 비밀 질문

▶ 무언가를 직접 만들어내며 뿌듯함을 느낀 경험이 있나요.(요리, 글, 그림, 무용 등)

▶ 일상에서 감각이 활짝 열리는 순간은 언제인가요? 예를 들어, 갓 내린 커피 향을 맡을 때처럼요.)

『파닥파닥 해바라기』

해바라기

상어에 놀란 물고기

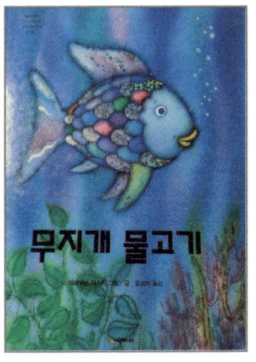
『무지개 물고기』

제2장 예술 하브루타, 소통과 치유의 일상

제3장

질문 하브루타,
마음을 여는 기적

홍서연

질문 하브루타를 통해 아이들과 자연스럽게 질문을 주고받으며
서로의 생각과 감정을 깊이 이해하게 되었습니다.
그 과정에서 피어난 긍정적인 성장과 변화를 함께 나누고자 합니다.

1
아이의 마음을 활짝 여는
특별한 질문

▲▽▲▽▲

"누군가에게 안부를 물어본 적이 있나요?"

대부분은 "당연하죠, 물론이죠."라고 답할 것이다.

그렇다면 질문을 이렇게 바꿔보자.

"지금 당신의 기분은 어떤가요?"

이번에는 많은 사람이 잠시 고민하며 고개를 갸우뚱할 것이다. 상대의 감정과 기분을 묻는 일은 단순한 안부 인사보다 왠지 낯설고 어색하게 느껴지기 때문이다.

그렇다면 아이들은 어떨까?

궁금해진 나는 그림책을 활용해 아이들의 생각을 들여다보기로 했다. 수업 시간에 책을 읽고 함께 이야기를 나누어 보았다.

『How do you feel?』

활용된 도서는 앤서니 브라운(Anthony Browne)의 『How do you feel?』

파란 하늘에 하얀 구름이 떠 있는 표지 그림이다. 밝은 초록색 티셔츠와 파란 바지를 입은 원숭이가 왼손을 들고 환하게 웃고 있다. 아이들은 외줄을 타고 어디론가 향하는 원숭이를 보며 이런 질문을 만들었다.

"원숭이는 왜 줄을 타고 있을까요?"
"어떻게 올라갔을까요?"
"남자일까요? 여자일까요?"
"기분은 어떨까요?"

"왜 웃고 있을까요?"

"부모님은 없는 걸까요?"

"왜 원숭이만 있는 걸까요?"

표지를 살핀 뒤 궁금한 마음으로 책장을 넘기기 시작했다.

글을 가린 채 주인공의 표정과 배경을 보며 어떤 감정일지 추측해 보았다. 모두 책 앞으로 바짝 다가가 주인공의 표정을 자세하게 살피며 그 마음을 읽어내려 했다.

구석에 쌓인 장난감을 뒤로하고 팔짱을 낀 채 눈을 감고 있는 원숭이는 지루하고 흥미를 잃은 듯하다. 노란 배경 속에서 두 손을 번쩍 들고 환하게 웃는 모습은 행복함이 가득하다. 창문 틈으로 보이는 근심 가득한 얼굴에서는 슬픔이 느껴진다. 검정 배경 속, 두 주먹을 불끈 쥐고 이를 악문 원숭이의 표정은 분노로 가득 차 있다.

아이들은 주인공의 표정, 행동, 배경색까지 세심하게 살피며 감정과 기분을 유추하려 애를 썼다.

책을 다 본 후, 아이들에게 질문했다.

"여러분은 오늘 기분이 어떤가요?"

아이들은 잠시 고민하더니 하나둘씩 자신의 기분과 감정을 이야기하기 시작했다.

"피곤해요. 저는 주중에는 항상 피곤해요."

"내일 리코더 시험이 있어서 오늘 긴장되고 슬퍼요."

"오늘 줄넘기 학원을 가서 신나요."

"학교에서 장애 인식 교육을 받아서 행복해요."

"친구가 저한테 말을 안 해서 화가 나요."

"어젯밤 늦게까지 숙제를 하느라 잠을 많이 못 자서 피곤해요."

"주말에 친구들이랑 놀기로 해서 신나요."

속상하고 화난 아이들, 행복한 아이들, 걱정이 많은 아이들, 피곤한 아이들. 저마다 다양한 이유의 감정 이야기를 나누며 아이들은 쉽게 꺼내지 못했던 자신의 속마음을 내보였다.

나는 이어서 또 다른 질문을 해보았다.

"어떤 기분일 때 가장 좋은가요? 그리고 왜 그런 기분이 드나요?"

눈을 크게 뜨며 고민하는 아이들의 모습이 예뻤다.

"가족이랑 여행을 갈 때 행복해요."

"엄마가 저에게 선물을 몰래 주실 때 아주 놀랍고 기분이 좋아져요."

"수학 문제 풀 때 성취감이 커요."

"게임을 하거나 자전거를 탈 때 즐거워요."

"기분이 좋을 때 행복함을 느껴요."

마지막으로, 아이들은 그림과 글로 자기 생각을 솔직하게 표현하는 시간을 가졌다. 몰입한 그들의 표정은 어느 때보다 밝고 행복해 보였다. 그 모습을 바라보며, 부모님과 함께 질문을 만들고 대화를 나누다 보면 아이들의 속마음을 더 깊이 이해할 수 있겠다는 생각이 들었다.

아이들은 표정과 색상을 통해 책 속 주인공의 감정을 알아냈다. 또한, 자신의 기분을 친구들과 나누며 서로를 이해하는 시간을 가졌다. 이러한 경험이 아이들에게도 의미 있게 다가왔을 것이다.

그날 이후, 나도 가족회의 시간에 새로운 질문을 하나 더 추가해 보았다. "오늘 당신의 감정은 어떤가요?"

속닥속닥 하브루타 비밀 질문
▶ 오늘 가장 처음 느낀 감정은 무엇이었나요?
▶ 요즘 내가 가족에게 표현하고 싶은 감정은 무엇인가요? (예: "괜찮아", "고마워", "미안해")

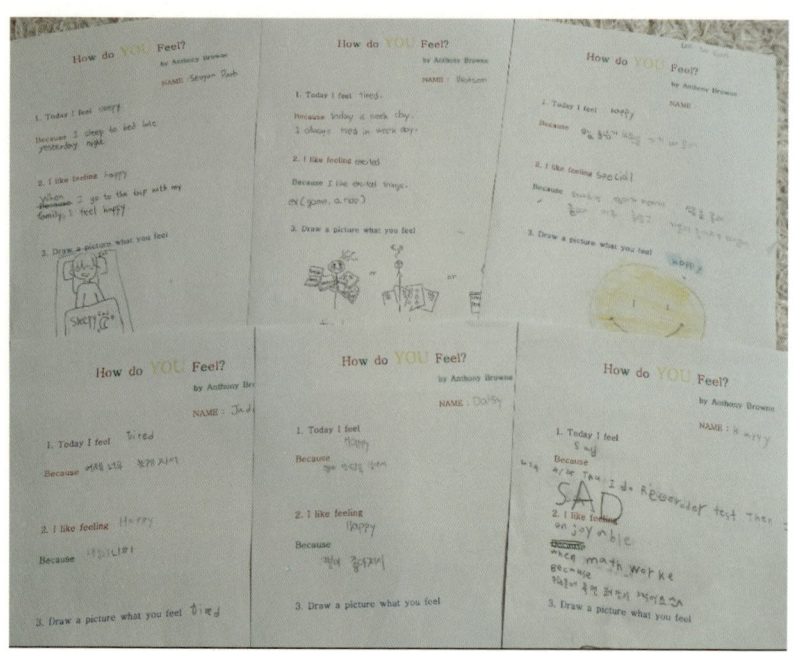

영어클래스 아이들의 그림책 독후 활동지 1

2.
사랑을 느끼는 순간,
아이의 진심
▲▽▲▽▲

"여자아이가 있었어요. 밸런타인데이에 아이는 가족들에게 특별한 카드를 만들어 깜짝 놀라게 하고 싶었어요. 분홍색 하트와 장미가 그려진 카드는 아빠가 즐겨 읽는 책 속에 숨겨두었어요. 빨간 하트와 분홍 리본 카드는 엄마의 신발 속에 숨겼어요. 파란 하트와 노란 조개 카드는 어항에 붙이고, 초록 하트와 커다란 뼈다귀 카드는 강아지 집에 넣어두었어요. 자, 이제 가족들이 카드를 찾을 시간이 되었어요. 그런데⋯."

잠자리 독서 시간에, 마리안 코카 레플러(Maryann Cocca-Leffler)의 『Lots of Hearts』의 책 이야기를 들은 시유가 이렇게 말했다.

"엄마, 나도 어버이날에 엄마랑 아빠한테 카드 만들어 줄 거야!"

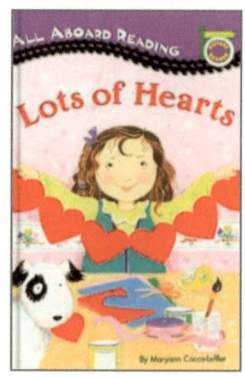
『Lots of Hearts』

"응? 왜 그런 생각을 했어?"

"고마운 마음을 표현하려고. 나는 돈이 없으니깐 선물은 못 사잖아. 이 아이처럼 예쁜 카드 만들어서 줄 거야."

"정말? 벌써 기대돼. 그런데 시유는 언제 엄마랑 아빠한테 가장 사랑받는다고 느껴?"

"선물 사 줄 때. 근데 엄마가 꼭 안아 주거나 아빠가 나랑 말타기하며 함께 놀 때가 더 좋아."

평소 물어보기에 쑥스러운 질문이었는데, 그림책 덕분에 여덟 살 꼬마의 진심을 알 수 있어 기뻤던 순간이었다.

다른 아이들의 생각이 궁금해진 나는 수업 시간에 이 책으로 아이들과 하브루타를 해보았다.

"부모님에게 가장 사랑받는다고 느낄 때는 언제인가요?"

"……."

침묵의 시간이 흘렀다. 잠시 후 고민을 끝낸 아이들이 앞 다투어 말하기 시작했다.

"항상요. 엄마랑은 이야기 나누고, 아빠랑은 게임을 할 때요."

"자기 전 꼭 안아 주실 때요."

"선물이나 용돈 주실 때요."

"친절하게 대해주실 때요."

"내 얘기를 잘 들어 주실 때요."

"학원 그만 다녀도 된다고 할 때요."

"부모님의 말씀을 잘 들을 때요. 평소에 부모님 말씀을 잘 듣지 않아서 잘 들으면 사랑을 받을 것 같아요."

초등학교 3학년부터 중학교 1학년까지 다양한 연령대의 아이들이 각자의 경험을 나누며 부모님께 받은 사랑에 관해 이야기했다. 친구들의 말을 들으며 다른 아이들도 한층 더 깊이 고민하는 듯했다.

"여러분은 부모님께 어떻게 사랑을 표현하나요?"

이번에는 아이들에게 부모님께 사랑을 전하는 방법을 물어보았다.

"편지를 써요. 말로 하면 부끄러우니까요."

"'감사합니다.'라고 이야기해요."

"안아드리거나 마사지를 해드려요."

"용돈을 모아 선물을 사드려요."

"가끔 저녁을 만들거나 설거지를 하고, 택배를 가져오거나 아플 때 간호해 드리기도 해요."

"안마를 해드려요. 왜냐하면 엄마 아빠가 허리가 안 좋으시거든요."

이번에는 나의 질문에 거침없이 대답하는 아이들이다. 다양한 이유를 들며 사랑을 표현하는 아이들을 보고 있자니 미소가 지어졌다.

마지막 질문을 해보았다.

"왜 책 속의 아이는 밸런타인데이 선물로 카드만 드렸을까요?"

중1 남학생의 대답이 인상 깊었다.

"초콜릿, 꽃 같은 것은 초반에만 부모님이 기억하시고 나중에는 잊어버려요. 하지만 직접 쓰고 만든 카드, 종이, 꽃 등은 처음에는 별 관심 없을 수 있지만 시간이 흘러도 좋은 추억으로 기억되잖아요."

아이의 부모님이 이 말을 직접 듣는다면 얼마나 뿌듯해하실까? 마음이 따뜻해졌다. 아이들은 사랑을 주고받을 때 거창한 것이 필요하지 않았다. 생각보다 소소한 이유로 부모님을 사랑하고, 작은 행동과 말 하나에도 깊은 애정을 느끼고 있었다. 요즘은 어른들도 사랑을 받고 전하는 데 서툴다. 조금 쑥스럽더라도 오늘부터 사랑을 표현해 보는 건 어떨까. 아주 사소한 것부터 시작해 보자.

> **속닥속닥 하브루타 비밀 질문**
> ▶ 어떤 상황에서 "아, 나 사랑받고 있구나."라고 느끼나요?
> ▶ 가족에게 편지를 쓴다면 어떤 단어를 꼭 넣고 싶나요?

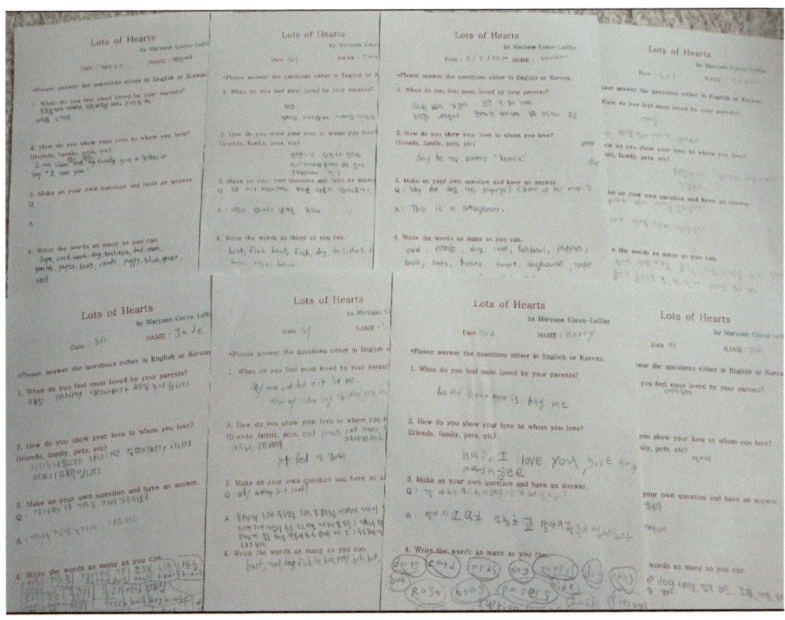

영어클래스 아이들의 그림책 독후 활동지 2

3.
마음껏! 나만의 글을 즐겁게 쓰는 비결
▲▽▲▽

글을 잘 쓰고 싶어 하는 나에게 남편이 말했다.

"내가 보낸 브런치 글 봤어? 글쓰기 잘하는 법에 대한 내용이야."

"열어 보긴 했는데 바빠서 자세히는 안 봤어. 간략하게 읽었는데 필사하면서 연습하면 좋다는 내용이었지."

"그럼 당신도 필사해 보는 건 어때? 책을 읽고 따라 하고 싶은 내용이나 소재, 어투 같은 거 필사하면 좋대."

"……."

갑자기 머리가 무겁고, 마음속에서 무언가 답답함이 느껴졌다.

'필사? 따라 쓰기? 재미없을 것 같은데…'

눈을 크게 뜨고 나의 반응을 살피던 남편에게 말했다.

"아니, 재미없을 것 같아. 몇 달 동안 글쓰기 강의를 듣고 연습하면서 깨달은 건, 글쓰기를 꾸준히 하려면 무엇보다도 재미가 있어야 한다는 거야."

"재미?"

"응, 방법이나 기술은 수업을 듣고 연습하다 보면 언젠가 늘겠지, 이론적으로는. 그런데 재미가 없으면 일단 노트북이 켜지지 않아."

"그렇기도 하겠네."

글쓰기를 시작한 이후, 나의 마음은 마치 롤러코스터를 타는 것 같았다. 어느 날은 자신감이 넘쳐서 생각하는 대로 다 글이 될 것만 같은 자만에 취해 있었고, 또 어떤 날은 '이렇게 해봤자 뭐하나?' 하는 생각에 마음의 문을 닫고 늘어지게 소파에 누워 있고 싶은 날도 많았다.

답답한 날들이 이어지던 어느 날, 스스로에게 질문을 던져 보았다.

"나는 왜 글이 쓰고 싶을까?"

"내가 좋아하는 책은 어떤 종류지?"

"책을 출판하면 무엇을 하고 싶은 걸까?"

"다른 작가들은 어떤 마음으로 글을 쓸까?"

"글을 쓸 때 나는 어떤 기분이 들까?"

그 질문들 속에서 헤매던 나는 마지막 질문에 이르러 잠시 멈춰 섰다. 한참을 멍하니 생각에 잠긴 끝에 문득 깨달았다.

'그래! 글쓰기는 나에게 맞는 방식으로 해야 해!'

남편이 보내준 장문의 글쓰기 비법을 훑으면서도 같은 생각이 들었다.

'이렇게 긴 글을 술술 읽히게 쓰려면, 이 작가는 글 쓰는 과정이 분명 재미있었겠지?'

맞다. 재미.

무엇보다 중요한 건, 글을 쓰는 과정 자체가 즐거워야 한다는 것이었다.

여덟 살 아이한테도 자주 이런 말을 한다.

"재미가 있어야 해. 그래야 꾸준히 할 수 있어."

아이에게 한 말이었지만, 나 자신에게도 꼭 필요한 조언이었다. 재미가 없으면 아무리 좋은 방법이 있어도 지속하기 어렵다. 글쓰기를 시작할 때 누구나 공감할 완벽한 글을 써야 한다는 압박감에 과정의 즐거움을 놓쳤고, 그로 인해 글쓰기가 점점 어렵고 부담스러워졌다. 꾸준히 이어가야 하는 이 길이 즐겁지 않다면, 노트북을 열기도 의자에 앉기도 쉽지 않다. 결국, 생각을 깊이 들여다보는 즐거운 과정에도 편안하게 다가가지 못하게 된다.

이후로 글을 쓸 때마다 나는 스스로에게 말한다.

"완벽할 필요는 없어. 재미있게 해보자."

서툰 표현이나 어색한 문장이 많아도 괜찮다. 가장 중요한 것은, 내가 전하고 싶은 말을 솔직하고 자유롭게 담아내는 것이다. 글을 써 내려가며 과정 자체를 즐기다 보면, 어느 순간 글쓰기가 자연스럽고 편안한 일이 된다. 그렇게 차곡차곡 글을 쓰다 보면, 언젠가 나만의 색깔이 글에 묻어날 것이다.

신선한 재료를 완벽히 준비해서 정확한 요리법과 조리 시간에 맞게 요리한 정갈한 음식보다, 때로는 냉장고에 남아 있던 나물들로 고추장 탁 털어 넣고, 참기름 대충 두르고, 숟가락으로 즐겁게 쓱쓱 비벼 먹는 비빔밥이 맛있을 때가 있는 것처럼 말이다.

나에게는 지금 과제가 아닌 즐거운 습관을 만들기 위한 여유로운 마음과 시간이 필요하다. 글쓰기는 더 이상 목표를 향한 급박한 여정이 아니다. 그저 내가 좋아하는 일을 나만의 속도로 즐길 수 있는 과정이다. 그래서 오늘도 어설픈 한편의 글을 즐겁게 썼고, 서투른 과거를 그 글 속에 남겨 놓는다.

> **속닥속닥 하브루타 비밀 질문**
> ▶ 내가 진짜 좋아하는 건 무엇인가요? 그걸 얼마나 자주 하고 있나요?
> ▶ 최근에 나 자신에게 해준 가장 따뜻한 말은 무엇인가요?

4.
틀려도 괜찮아, 도전하는 마음이 중요해

▲▽▲▽▲

시유의 바이올린 콩쿠르 대회를 며칠 앞두고 있던 겨울날이었다.

"엄마~~~ 자꾸 틀려, 하기 싫어, 어려워!"

시유가 연습 중인 바이올린을 소파에 던져놓고 나에게 달려왔다. 여섯 살 때, 처음 바이올린을 시작한 이후 어느새 1년 반이 지났다. 처음에는 재미있어 했지만 진도가 나갈수록 더 어려워지니 연습할 때마다 시유의 짜증은 점점 커졌다. 옆에서 차분히 설명을 해주고 도와줘도 마음대로 연주가 되지 않으면 본인도 속상한지 얼굴에 답답함과 불안함이 가득해진다. 분명히 어제도 함께 연습했던 부분이다. 툴툴거릴 때마다 나의 마음을 진정시켜 가며 불안한 아이를 잘 다독여 오고 있었는데, 오늘은 그 어떤 날보다 내 마음도 지쳐 있었나 보다.

"그럼 취소해?!"

주방에서 요리하던 나의 언성이 높아졌다. 눈물이 그렁그렁 차오르는 시유를 보며 아차 싶은 생각이 들었다. 걱정과 두려움이 많은 예민한 아이였다. 말로 표현하지는 않지만, 이런 큰 대회를 앞두고 나보다 더 긴장하고 있었을 아이였다.

'이게 뭐라고. 나는 왜 아이에게 화를 낸 거지?'

서로를 바라보며 얼마간의 정적이 흘렀다.

"시유가 감이 있어요. 잘 시켜주세요. 이번 콩쿠르도 조금만 노력하면 1등은 무리 없을 것 같아요."

선생님의 말씀에 기대를 많이 하고 있었나 보다. 속상한 아이의 마음보다 나의 욕심이 먼저였던 것 같아 미안해졌다.

"시유야, 어떤 부분이 어려운 거야?"

한동안의 정적을 깨고 부드러워진 목소리로 물어봤다. 어색한 분위기 속에서 시유는 악보를 손으로 가리키며 자꾸 틀렸던 부분을 다시 보여주었다.

"열심히 하느라고 하는데 뜻대로 되지 않아서 속상하지?"

"응…."

시유는 참았던 눈물을 터뜨렸다. 엄마의 부드러운 말투에 그동안의 감정들이 쏟아져 나온 듯했다.

"엄마가 버럭 소리를 질러서 미안해. 시유도 정말 잘하고 싶었을 텐데 마음대로 안 돼서 속상했지. 우리 달콤한 젤리 하나 먹고 다시 힘내볼까? 이번에는 엄마가 손으로 악보를 따라가 줄게. 어때?"

젤리라는 말에 기분 좋아진 일곱 살 아이는 방긋 웃으며 간식 통으로 달려갔다. 좋아하는 복숭아 맛 젤리를 입안에 쏙 넣고, 다시 기분 좋게 활을 잡는 아이를 보며 나도 모르게 피식 웃음이 나왔다.

이전보다 편안하게 연습을 마친 시유와 맛있는 간식을 먹으며 이야기를 나눴다.

"시유는 왜 바이올린이 좋아?"

"소리가 너무 예뻐."

"바이올린 소리가 예쁘게 들리는구나. 연주할 때는 어떤 느낌이 들어?"

"기분이 좋아. 사람들 앞에서 연주하는 것도 재미있어."

"연습하다 보면 잘 안될 때도 있잖아. 그때는 어때?"

"짜증나고 속상해. 더 잘하고 싶은데, 내 마음 같지 않아."

"잘 하고 싶은데 틀리면 당연히 속상하지. 그럴 땐 어떻게 하면 좋을까?"

"음…. 조금 쉬었다가 연습하면 될까?"

"그것도 좋은 생각이다. 잘 안될 때는 잠시 쉬었다가 마음이 가라앉으면 다시 해보기. 괜찮다."

대화를 나누는 동안 스스로 답을 찾아가는 느낌이 들었고, 시유의 감정도 한결 누그러진 듯했다. 그러다 보니 은연중에 욕심이 앞서 아이에게 부담을 준 것은 아닌지 다시금 돌아보게 되었다.

'그냥 즐겁게 참여해 보자. 순위가 뭐가 그리 중요해.'

시유의 얼굴을 쓰다듬으며 눈을 바라보았다.

"에라, 모르겠다. 일단 해보자! 시유야 이렇게 생각해 봐. 엄마도 무슨 일을 하려면 걱정되고 무서울 때가 많아. 그럴 때는 마음속으로 이렇게 말해. 에라, 모르겠다. 일단 해보자! 어때?"

오물오물 젤리를 씹으며 눈물을 닦는 시유를 힘주어 꽉 안아주었다.

"에라, 모르겠다. 일단 해보자!"

귀에 조용히 속삭이며 등을 부드럽게 토닥여 주었더니 시유의 얼굴에 다시 환한 미소가 번졌다. 그리고 자신감 있게 바이올린을 다시 손에 들었다. 비록 연주가 완벽하지는 않았지만, 그저 따뜻한 미소로 시유의 연주를 지켜보았다. 음정이 흔들리고 박자가 맞지 않는 부분도 있었지만, 차분히 받아들이며 편안한 마음으로 연주를 들어주었다.

며칠이 지나 콩쿠르 대회 당일.

예쁘게 드레스를 입고 머리띠를 한 시유는 무대에 오를 준비가 되어 있었다. 예전에 자꾸 틀렸던 부분들도 이제는 어느 정도 반주에 맞춰 자연스럽게 소화하고 있었다.

"시유야, 재미나게 즐기고 와! 틀릴까 봐 걱정하지 말고, 즐겁게 연주하는 거야. 알았지?"

무대에 오르기 전, 대기실에서 나는 시유를 꼭 안아주었다. 자신의 이름이 불리자, 시유는 생글거리는 얼굴로 무대 위로 걸어갔다.

'아장아장 걸음마를 할 때가 엊그제 같은데 언제 이렇게 커서 당당하게 무대에 서 있나.'

한결 편안해진 마음으로 시유의 연주를 듣고 있자니 갑자기 코끝이 찡해 왔다. 이렇게 아이가 성장하는 만큼 옆에서 응원하고 바라봐 주는 나의 마음도 성장하는 순간이었다.

그 후로 우리 둘은 불안하거나 걱정이 클 때마다 자주 이렇게 말해주기로 했다.

"에라, 모르겠다. 일단 해보자!"

그렇게 우리는 한 발짝씩 용기를 내고 서로를 다독이며 조금씩 성장해 가고 있다.

속닥속닥 하브루타 비밀 질문

▶ 나를 가장 위로해 준 한마디는 무엇인가요?

▶ 결과보다 과정이 더 중요했던 경험이 있다면, 어떤 이야기인가요?

5.
질문 하나, 대화 둘, 행복 셋
▲▽▲▽▲

"엄마, 우리 간식 먹으면서 가족회의 하자."

나른한 토요일 늦은 오후, 주방에 있는 간식 상자를 가리키며 시유가 말했다.

"가족회의? 그래 그러자."

엄마 아빠와 이야기도 나누고, 일주일 동안 먹고 싶었던 간식도 마음껏 먹을 수 있어서 시유가 가장 좋아하는 시간이다. 엄마가 미리 준비해 둔 질문지가 담긴 겨울왕국 파우치를 꺼내 들고, 신나게 초콜릿 과자를 한입 베어 물며 시유가 말했다.

"엄마, 내가 먼저 뽑을게. 내가 뽑고, 엄마가 종이 펼치고, 아빠가 읽는 거야."

각자의 역할까지 야무지게 배정해 준 후, 눈을 감고 파우치 속에서 손을 휘적거렸다.

"이번 주에 가장 재미있었던 일은 무엇인가요?"

질문지가 나오자, 남편이 먼저 물었다. 시유가 가장 먼저 손을 들고는 신나게 대답했다.

"엑스자 줄넘기 한 거! 나 이제 그냥 뛰기는 100개 정도 할 수 있고, 어제 처음으로 엑스자 뛰기 해봤어. 엄청 재밌어."

시유의 목소리에 흥분이 가득 담겼다.

"엄마는?"

"엄마는 수업 시간에 아이들과 그림책 읽고 이야기 나눈 시간이 제일 좋았어. 아이들이 왜 화가 나는지에 대해 이야기했는데, 다들 너무 즐겁게 얘기하며 서로 '맞아, 맞아.' 하면서 공감하는 모습이 인상 깊었어. 당신은?"

나의 대답에 미소를 지으며 고개를 끄덕이던 남편이 말했다.

"나는 회사에서 중요한 영어 발표가 있었는데, 처음엔 긴장 많이 했거든. 그런데 막상 시작하니 사람들이 잘 들어주고, 내가 준비한 걸 다 전달할 수 있어서 정말 좋았어."

첫 번째 질문에 대한 가족들 대답이 마무리 되고, 나는 파우치에서 또 다른 종이를 꺼내 들며 다음 질문을 건넸다.

"우리 가족을 위해 서로에게 도울 일은 무엇이 있을까요?"

시유가 잠시 생각한 후 대답했다.

"내일 청소 시간에 내 책상을 정리하고, 거실에 있는 장난감도 정리할게."

"오 좋아! 그럼, 엄마는 시장 다녀와서 맛있는 해산물 요리 해줄게. 그리고 시유 바이올린 연습할 때 옆에서 악보 잘 짚어주고, 아빠가 부탁한 서류 프린트도 해놓을게."

"엄마가 할 일 많네. 아빠는 분리수거하고, 설거지도 하고, 내일은 선풍기 꺼내서 설치해 놓을게."

우리는 모두 만족스러운 듯 서로를 바라보며 미소를 지었다.

그 외에도 다양한 질문들에 답하며 서로의 이야기를 듣는 시간을 보냈다.

"이번 주에 힘들거나 속상했던 일은 무엇이었나요?"

"하려던 일이 잘되지 않았을 때 어떤 느낌이 드나요?"

"어떤 실수를 하고 어떻게 해결했나요?"

"다가오는 여름방학에 각자 하고 싶은 일은 무엇인가요? 왜 그 일이 하고 싶은가요?"

평소 서로에 대해 궁금했던 것, 아이가 이해할 수 있을 만한 것, 내가 말하고 싶은 것 등을 미리 생각해 둔 후 질문지를 만들어 놓았다. 2~3주에 한 번씩 새로운 내용이 나오니 시유도 남편도 점점 더 즐겁게 참여하게 되었다.

몇 개월 전, 시유가 일곱 살이었을 때였다.
"친구들이 나를 왜 좋아하는 것 같나요?"라는 질문에 시유는 이렇게 대답했다.
"예뻐서요."
그리고 여덟 살이 된 시유에게 같은 질문을 던졌다.
"친구들이 사이가 좋지 않을 때 싸우면 안 된다고 이야기해 주고, 친구가 기분이 안 좋아 보이면 '왜 무슨 일 있니?' 하고 물어봐 줘서요."

시유의 대답에 나는 그동안의 성장이 느껴져서 놀랍기도 하고, 한편으로는 마음이 뭉클했다. 단순히 키와 몸무게의 성장이 아닌 시유의 사고방식과 마음의 깊이가 커짐을 느꼈다. 그런 모습을 보며 나와 남편이 신기해했던 적이 한두 번이 아니었다. 불과 몇 개월 전에는 똑같은 질문에 단순한 단답형으로 답했던 시유가 이렇게 깊이 있게 생각하고 말을 한다는 점에서 놀랍기도 했다. 가족 대화의 중요성을 느끼는 순간이었다.

사소한 대화 같아 보일 수도 있을 것이다. 하지만 우리 가족은 일주일에 한 번씩 가족회의를 하며 일상을 나누고, 서로의 마음과 진심을 알아가고 있다. 눈을 바라보며 궁금한 점을 묻고, 상대의 말을 들으며 고개를 끄덕여

주는 차분한 시간이다. 이 시간이 생긴 이후로 나는 화를 내거나 아이에게 잔소리하는 일이 많이 줄어들었다. 시유는 짜증이 줄고 말로 표현하려는 모습이 많아졌다. 남편 또한 무언가 일이 잘 풀리지 않을 때, 혼자만 생각하려던 습관이 줄어들었다. 가족의 대화에 즐거움을 느낀 남편은 우리와 이야기를 많이 하려는 모습을 보였다. 이제 가족회의는 즐거운 루틴으로 자리 잡게 되었고, 그 시간 속에서 서로를 더 많이 이해하고 알아가며 존중하는 법을 배우게 되었다. 오늘도 나는 설레는 마음으로 질문지를 만들고, 마치 보물처럼 파우치 속에 쏙 넣어놓는다. 언제나처럼 기대감과 함께.

속닥속닥 하브루타 비밀 질문

▶ 우리 가족만의 특별한 습관이나 루틴이 있다면 무엇인가요? 그것을 왜 좋아하나요?

▶ 내가 가족 안에서 배우고 있는 가장 중요한 가치는 무엇인가요?

가족회의 질문지와 보관용 파우치

제3장 질문 하브루타, 마음을 여는 기적

6.
상상 속에서 자라는 아이
▲▽▲▽▲

선선한 바람이 불던 어느 가을날의 일요일이었다.

우리는 가족회의 시간에 그림책을 읽고, 나만의 결말 이야기를 만들어 보는 시간을 갖기로 하였다.

"오늘 읽을 책은 니시우치 미나미 글, 호리우치 세이지 그림의 『구룬파 유치원』이야. 마지막 두 장 전까지만 책을 읽어줄게. 어떤 결말이 나올 것 같은지 시유랑 아빠가 각자 이야기를 만들어 보는 거야."

재미있을 것 같다며 두 눈을 반짝이는 시유와 어렵겠다며 머리를 긁적이는 남편을 번갈아 바라보며 나는 미소를 지었다. 그리고는 책장을 넘기며 부드러운 목소리로 책을 읽어주었다.

『구룬파 유치원』

몸집이 큰 코끼리 구룬파는 오랫동안 외톨이로 살아와서 매우 더럽고 지독한 냄새가 났다. 외로워하며 매일 울고 있는 구룬파에게 친구들이 다가와 샤워를 시켜주고 일을 시켜보자고 제안한다. 맨 처음 구룬파가 간 곳은 비스킷 가게였다. 하지만 너무 크게 만든 비스킷을 살 사람이 없을 거라며 사장님은 일을 그만두라고 한다. 그 다음은 접시 만드는 가게, 구두 만드는 가게, 피아노 만드는 가게, 그리고 마지막으로 자동차 공장까지 가게 되지만 구룬파가 만든 모든 물건은 너무 커서 팔 수 없다고 사장님들은 그를 쫓아낸다. 자신이 만든 모든 것들을 챙기고 나와 풀이 죽은 채 길을 가던 중 12명의 아이를 둔 엄마를 만나게 된다.

"아, 바쁘다 바빠. 미안하지만 아이들과 같이 놀아 주겠니?"
한창 빨래를 하고 있던 엄마가 구룬파를 보고 부탁을 한다.

여기까지 책을 읽어준 후, 나는 책을 덮으며 시유와 남편이 어떻게 결말을 이어갈지 이야기해 보자고 했다.

한참을 생각하며 고개를 갸웃거리던 시유가 먼저 말문을 열었다.

"구룬파는 아이들과 놀아주었어요. 엄마는 아이들과 놀아주는 구룬파가 너무 좋고 고마워서 자주 와달라고 했어요. 아이들과 함께 놀아주는 구룬파도 점점 신이 나서 덩실덩실 춤을 추며 매일 아주머니 집에 왔어요. 그러던 어느 날 구룬파는 놀아주는 일이 힘들어서 그만두고 싶다고 했어요. 아주머니는 괜찮다고 말했죠. 구룬파는 집에 가서 생각했어요.

'내가 그만둔다면 아주머니는 아주 힘드실 거야. 놀아주는 일이 힘들지만 계속 다녀야지.'

다음 날, 구룬파는 다시 아주머니 집에 가서 아이들과 신나게 놀아주고, 편안한 마음으로 집으로 돌아갔어요. 그때 '딩동' 벨 소리가 울렸고, 문을 열었더니 12명의 아이가 고맙다는 편지를 들고 서 있었어요. 구룬파는 편지를 읽고 너무 감동했어요. 그리고 '내일도 가서 신나게 놀아줘야지.' 하고 생각했지요."

생각보다 이야기를 너무 잘 만든 시유. 남편은 갑자기 부담되기 시작했는지 머리를 긁적이며 눈을 깜빡거렸다.

"구룬파는 아이들과 놀겠다고 약속했어요. 그래서 자동차에 있던 피아노, 비스킷, 신발을 모두 아이들 앞에 가져갔지요. 아이들은 신나서 신발 속에 쏙, 피아노 위에 점프, 맛있는 비스킷을 아삭 먹었어요.

'우와 내가 만든 것들을 버리지 않고 잘 들고 다녀서 다행이다.'

구룬파는 아이들이 즐거워하는 모습을 보고 생각했어요. 그때 지나가던 코끼리 친구들이 그 모습을 보았어요.

"우리도 같이 놀자." 하며 코끼리 친구들도 함께 모여 신나고 즐거운 하루를 보냈어요."

이야기를 잘 만든 남편도 뿌듯했는지 얼굴에 미소가 가득 피었다.

"엄마, 그런데 이야기가 진짜 어떻게 끝나는데?"

『구룬파 유치원』의 진짜 끝 이야기가 궁금해진 시유가 책장을 넘기며 읽어달라고 아우성쳤다.

책을 모두 읽어 주자, 시유는 깡충깡충 뛰며 기뻐했다.

"엄마, 나랑 아빠가 만든 이야기가 책 이야기랑 비슷해. 구룬파가 힘들어하지 않고 아이들과 잘 놀아주었고, 결국에는 모두 다 함께 놀면서 외롭지 않았다는 이야기잖아."

"그래 맞아 시유야. 그런데 엄마는 시유가 만든 이야기 중에 힘들었지만 구룬파가 포기하지 않았다는 부분도 너무 좋았어. 어떻게 그런 생각을 했어?"

나의 물음에 시유는 눈을 깜빡이며 곰곰이 생각에 잠기는 듯했다.

시유는 이야기 만드는 것을 정말 좋아하는 아이다. 일곱 살 때부터 엄마와 조금씩 하브루타 대화를 시작했고, 지금은 여덟 살이 되었다. 그동안 하브루타를 통해 함께 대화를 나누며, 시유는 자기만의 생각을 표현하는 법을 배우고 있다. 특히 그림책을 읽을 때마다 질문 주고받기를 하며 세상에 대한 호기심을 키워갔다. 이렇게 자라난 시유는 이제 자기 생각을 글로 풀어내는 걸 즐긴다.

시유가 쓴 글을 보고 누군가는 '유치하고 쓸모없을 것 같은데.'라고 생각할 수도 있다. 그렇지만 엄마인 나는 이 글이 너무나 소중하고 자랑스러워 가슴이 벅차오른다. 그 한 문장 한 문장에 시유의 상상력과 창의력, 그리고 세상에 대한 진지한 탐구가 담겨 있기 때문이다. 그래서 나는 시유의 이야기를 작은 에피소드로 정리하여 한 페이지에 담아본다. 이 글이 누군가에게 작은 미소와 따뜻한 감동을 주는 선물이 되기를 바라며, 그 마음을 함께 담아내려 한다. 시유의 이야기가 언젠가 누군가의 가슴에 스며들어 포근한 위로와 잔잔한 여운을 남기기를 진심으로 소망한다.

속닥속닥 하브루타 비밀 질문

▶ 아이의 상상과 진심이 담긴 이야기 앞에서, 얼마나 귀 기울이고 있나요?

▶ 나의 삶이 누군가에게 힘이 되었던 순간이 있나요?

에피소드

괴물이다 괴물

글 강시유

어느 밤에 작은 들쥐가 있었어. 들쥐는 무서운 것을 싫어했어. 그것도 괴물!

들쥐는 엄마 아빠랑 살았어. 그러던 어느 날 들쥐가 밖에 나갔을 때 아기 들쥐는 엄마 아빠에게 말하기도 전에 몰래 지하창고에서 나갔어. 들쥐는 나무 위에 올라갔어. 들쥐가 나무에서 하늘을 쳐다보려고 할 때 갑자기 고양이 생각이 났어. 들쥐는 괴물보다 고양이가 더 무서웠지. 들쥐는 다시 엄마 아빠에게 가서 같이 올까 생각했지. 그런데 내려가면 고양이가 기다려서 자기를 잡아먹을 것 같았어. 들쥐는 엄마 아빠를 나무에서 부를까 했지.

'나는 진짜 작은 들쥐다. 그런데 어떻게 나무를 내려갈까? 고양이가 기다릴 수도 있고 엄마 아빠는 나한테 화낼 수도 있고.'

나는 할 수 없이 나무에서 잠을 잤어.

'꼬끼오~~~~'

아침이었어. 나는 너무 저녁에 피곤했던지 일어나지 못했어. 그때, 꿈에서 고양이가 나타났지. 고양이가 뭐라고 했는 줄 아니? 고양이는 나를 잡아

먹는다고 말했어. 나는 꿈인 줄도 모르고 일어났지. 나는 정말 무서운 꿈이라고 생각했어. 대신 엄마 아빠가 옆에 있었던 거야. 나는 엄마 아빠 옆에 있어서 아주 무서웠어.

"너 밤에 혼자서 나가면 안 된다."

엄마가 말했어.

"너는 아주 용감한 들쥐구나. 너는 밤이 무서울지도 몰라. 왠지 알 것 같아. 너는 고양이가 싫지."

아빠가 말했어.

아빠랑 엄마는 지하창고로 돌아갔어. 나도 같이 돌아갔지. 엄마랑 아빠 곁에 있으니깐 고양이 생각도 나지 않았어. 무서운 것도 생각이 안 났지.

그러던 어느 날, 들쥐는 다시 용감하게 나무로 올라가고 싶었지.

들쥐는 살금살금 지하창고에서 나와 나무로 올라갔어. 그때 무슨 소리가 들렸지.

"아~ 오~"

나는 깜짝 놀랐어. 내려갈까 말까 내려갈까 말까 생각했어. 하지만 그 동물이 나를 먹으러 올라오는 거야. 나는 겁이 덜컥 났어. 바로 그 동물은….

'어… 괴 무 우 울 물 괴물이었어.'

난 엄마한테 가고 싶었지. 그때였어. 갑자기 한 소년이 와서 그 동물을 쫓아냈어. 그리고 나를 살려줬지. 나는 그 소년한테 편지를 쓰고 싶었어. 그 다음날 아침이었어. 나는 창고에서 종이에 편지를 썼지. 그 편지는 바로 어제 도와줬던 소년한테 썼어. 나는 그 소년에게 이렇게 썼지.

'정말 고마워요. 그 동물은 아주 무서운 동물이었을 것 같아요. 저를 살려줘서 고마워요. 그리고 나중에 도움이 필요하면 제가 도와줄게요. 들쥐아기 잰.'

그리고 난 편지를 우편함에 넣었어. 들쥐 우편 아저씨가 그 편지를 그 소년에게 줬어. 소년이 읽어봤어.

"정말 고마워요. 그 동물은 아주 무서운 동물이었을 것 같아요. 저를 살려줘서 고마워요. 그리고 나중에 도움이 필요하면 제가 도와줄게요. 들쥐아기 잰."이라고 써져 있었어. 소년 에바는 아주 기뻤어. 에바가 생각했어.

'나도 그 들쥐에게 편지 쓸까?'라고.

에바는 쓰겠다고 결정했어. 에바는 준비물을 꺼냈지. 준비물은 조그만 봉투에 종이, 연필을 준비했지. 에바는 스티커도 붙이고 그림도 그렸어. 에바가 쓴 편지는 이랬어.

"너가 준 편지가 아주 예쁘고 고마웠어. 나도 너에게 편지를 썼어. 나중에 도움이 필요하면 내가 도와 줄게. 그리고 도움을 요청하려면 나에게 요청해. 너 전화기 있니? 전화기 있으면 나도 있으니깐 전화해. 내 전화 번호는 010 0000 0000이야."

이렇게 에바는 편지를 썼어. 그리고 우편함에 넣었지. 우편 아저씨가 그 봉투를 들쥐들이 사는 집 지하창고에 넣어줬어. 들쥐는 뭔가 하며 봤지. 거기에는 이렇게 쓰여 있었어.

"너가 준 편지가 예쁘고 고마웠어. 나도 너에게 편지를 썼어. 나중에 도움이 필요하면 내가 도와줄게. 그리고 도움을 요청하려면 나에게 요청해. 너 전화기 있니? 전화기 있으면 나도 있으니깐 전화해. 내 전화 번호는 010 0000 0000이야."

들쥐는 고마웠고 기뻤어. 그리고 엄마 아빠에게 말했지.

"에바 오빠가 이렇게 편지를 줬어요. 너무 좋아요."

제4장

대화 하브루타, 성장의 문을 열다

김인경

대화 하브루타는 사춘기 자녀와의 관계를
더욱 깊이 있고 의미 있게 만들어 주었습니다.
이 방법을 여러분과 공유하고 싶습니다.

1
자기주도학습 능력이 쑥쑥 자란다!
▲▽▲▽▲

올해 중학교 3학년인 아들은 이틀 후 1학기 중간고사를 본다. 시험공부를 해야 하는 아들이 여동생 방에서 시끄럽게 이야기하고 있다. 이틀 후 중간고사를 봐야 하는 자녀가 이런 모습이라면 '당장 방으로 가서 공부해!'라고 말할 것이다.

하브루타 부모 교육 강의에서 유대인 공부법에 관한 영상을 보았다. 이스라엘의 에시바 전통 도서관에서 두 명씩 짝을 이루어 서로 이야기하며 토론하는 모습을 보고 문화 충격을 받았다. 공부는 도서관에서 조용히 해야 한다는 인식이 있었던 나는 이 영상을 보고 우리 아이들에게도 이러한 방식을 실천해야겠다고 다짐했다. 다음 영상에서는 한국식 독서실처럼 칸막이 책상에서 조용히 공부하는 집단과, 자신이 아는 내용을 설명하며 토론하는 집단이 소개되었다. 실험에서는 같은 시간과 같은 텍스트를 주고 시험을 보았고, 결과는 말하는 공부방이 단답형, 수능형, 서술형에서 두 배 가까운 성과를 보여주었다.

아들이 하교한 후, 오늘 수업에서 배운 내용을 기억나는 대로 설명해 보도록 했다.
"오늘 과학 시간에 어떤 내용이 기억나?"
"저항의 연결에 대해 배웠는데, 전류가 흐르는 것을 방해하는 정도를 저항이라고 해."
"그래! 저항 구하는 공식도 있었던 거 같은데?"
"응, 저항은 전압을 전류로 나눈 거야. 그런데 아직 그 공식을 완전히 이해하지 못했어."

이렇게 설명하면서 아들은 자신이 알고 있는 내용과 모르는 내용을 구분할 수 있게 되었고, 복습 단계에서 이해하지 못한 부분을 체크할 수 있는 시간을 가졌다. 이 과정을 통해 시험 기간에는 공부를 마친 후 에시바 도서관에서 짝과 토론하듯 여동생을 찾아 자연스럽게 동생의 방으로 가게 된다.

아들은 자기주도 학습으로 공부한 결과, 중학교 2학년 1학기 중간고사에서 우수한 성적을 받았다. 단, 수학을 제외하고 말이다. 중간고사 준비 과정을 분석한 결과, 모르는 문제 해결이 미숙했던 점이 발견되었고, 우리는 그 해결책을 함께 이야기하며 방법을 찾아보았다. 한 가지 방법으로 풀리지 않는 문제를 가족과 함께 고민하기로 하고, 아들은 수학 문제를 태블릿으로 찍어서 거실 TV에 연결한 후 풀이 방법을 설명하기 시작했다.

그런데 설명 도중 멈추며 말했다.
"내가 이해하고 푼 것은 여기까지야. 다음부터는 모르겠어."
그렇게 우리는 서로 머리를 맞대어 풀리지 않는 부분에 대해 고민하는 시간을 가졌다.
"여기는 평행인 건가?"
"응."
"여기는 정삼각형이어야 할 것 같은데…."
"맞아, 정삼각형이면 답이 도출될 수 있는데, 왜 정삼각형인지 증명할 수가 없어."
"음…."
"내가 똑같은 문제가 있는지 인터넷에서 찾아볼게."

풀리지 않는 문제는 인터넷 자료를 찾아가며 해결해 나갔다.
"나 이해했어~ 잘 들어봐."

아들은 이해한 문제를 설명하며 자신의 것으로 만들었고, 그 과정에서 자신감도 얻었다. 이후 어려운 문제를 그냥 지나치지 않고, 이틀, 삼일이 지나 풀릴 때까지 끈질기게 도전하는 집념이 생겼다. 다음 1학기 기말시험에서 성적이 조금 올랐고, 2학년 마지막 기말고사 수학 점수를 100점으로 마무리하는 쾌거를 이루었다.

함께 고민하며 발전하는 시간

중학교에 입학한 후, 학교에서 희망 직업에 대해 적어 오라는 숙제가 있었다. 그래서 아이와 이야기를 나누며 자녀의 희망 직업에 대해 고민해 보았다. 만약 자녀가 특별한 재능을 가지고 있다면, 그 방향으로 특기를 키워 주면 자신 있게 희망 직업을 쓸 수 있을 것이다. 하지만 대부분 아이는 자신이 좋아하고 잘하는 것을 고민하는 경우가 많다.

그래서 평소 아들의 소질에 관해 이야기 했다.

"엄마는 아들이 만들기에 소질이 있다고 생각하는데, 너는 어떻게 생각해?"

"레고와 색종이 만드는 걸 좋아하지만, 나보다 잘하는 친구들이 더 많아."

"맞아, 세상에 아들보다 잘하는 사람들이 많지. 하지만 그런 사람들을 따라가다 보면 더 잘하게 될 수도 있지 않을까?"

"그런데 나는 생명공학자도 괜찮을 것 같아."

"왜 그런 생각을 하게 됐어?"

"직업 진로 탐색 시간에 생명공학자에 대해 알게 됐는데, 관심이 생겼어."

"그럼, 생명공학자로 적어볼까?"

"아니, 그 직업이 정말 하고 싶다는 건 아니야."

"그럼 어떻게 할까?"

"선생님이 결정하지 못하면 '고민 중'이라고 적어도 괜찮다고 하셨어."

아이와 상의 끝에 희망 직업란에는 '아직 고민 중입니다.'라고 적기로 했다. 그리고 지금 희망 진로를 위해 어떤 일을 할 수 있을지 생각해 보기로 했다.

"아직 아들이 원하는 직업을 찾지 못했지만, 현재 학생으로서 무엇을 할 수 있을까?"

"성적을 잘 관리해야지!"

"아들이 성적 관리를 위해 더 노력해야 할 부분은 뭐라고 생각해?"

"지금처럼 수업 시간에 집중하고, 학교가 끝난 후에는 예습과 복습 꾸준히 하는 게 정말 중요할 것 같아."

아직 아들의 특별한 꿈이 정해지지 않았지만, 지금처럼 아이의 생각에 '그렇구나.', '그럴 수 있어.', '그렇다면 어떻게 할 수 있을까?' 또는 '너의 생각은 어때?'라고 질문하며 경청하고, 긴 여정을 함께하는 엄마가 되고 싶다.

속닥속닥 하브루타 비밀 질문
▶ 최근 자녀와의 대화 주제는 무엇인가요?
▶ 나의 어릴 적 꿈은 무엇이었나요?

2.
대화를 찾아 떠나는 자연 속 여행
▲▽▲▽▲

코로나19 여파로 캠핑 붐이 일어나기 시작한 때였다.

얼마 전 캠핑에 입문한 여동생 부부가 바닷가로 몇 번의 캠핑을 다녀오더니, 나와 아이들에게 캠핑을 가자고 제안하였다.

"♪ 여수 밤바다~~♬"

여수의 한 캠핑장에 도착한 우리는 예약한 데크에 텐트와 짐을 옮겼다. 숯에 불을 피우고 준비해 온 꼬지를 종류별로 올려 즉석 찌개와 즉석 밥으로 저녁 식사를 마무리했다. 동생네 부부와 나는 시원한 맥주를 마시며 오랜만에 느끼는 밤하늘의 찬란함을 만끽하였다. 아이들은 음료수를 마시고 밤하늘을 보며 별을 찾고 있었다. 그때 어디선가 펑펑 소리가 나더니 하늘의 별들 사이로 폭죽이 터지기 시작하였다. 동생은 폭죽을 보며 호주 유학 시절 시드니의 불꽃놀이가 떠올랐는지, 그때의 생생한 경험담과 제부와의 연애 이야기까지 아이들에게 들려주었다.

평소 듣지 못했던 이야기에 아이들 눈이 초롱초롱 빛나기까지 하였다.

동생의 연애 이야기를 듣던 아들이 동생에게 물었다.
"이모는 이모부의 어떤 모습이 좋았어?"
"이모부의 근육이 멋졌었는데, 사귀고 나서 운동을 하지 않아서 지금은 없어졌어."
동생의 대답에 우리는 한바탕 웃음을 터뜨렸다.

평소에 아들이 반에서 누구와 노는지 궁금해서 질문하면 '친구'라고만 대답하고, 친구 이름을 물으면 귀찮아하며 '그냥 친구'라고 말한다. 이런 아들이 이모의 연애사에 웃으며 적극적으로 질문하는 모습을 보니, 이때가 좋은 기회라고 생각해 물어보았다.

"너희는 이성 친구를 사귄다면 어떤 사람과 만나고 싶어?"
딸은 "내 얘기를 잘 들어주는 사람"이라고 대답하였다.

그러자 아들이 학교에서 자기와 잘 놀아주는 여자아이 이야기를 꺼냈다.

요즘 사춘기가 시작되려는지, 대화가 더 힘들어지곤 했었는데, 아들이 먼저 학교생활 이야기를 꺼내니 정말 반가웠다. 그 후로도 아들이 학교 쉬는 시간에 어떤 놀이를 자주 하는지부터, 점심시간에 운동장에서 축구를 하고 싶지만 실력이 부족해 나가지 못하는 마음에 이르기까지 깊은 대화가 밤늦도록 이어졌다. 다음 날 집으로 돌아오는 차 안에서 동생네 부부에게 좋은 경험 만들어 줘서 고맙다고 이야기하던 중, 딸이 이모의 연애사가 재미있었다며 더 듣고 싶어 했다.

평소 집에서 아이에게 오늘 학교에서 무엇을 했는지 물으면 퉁명스러운 대답만 돌아온다. 질문과 대답은 오갔지만, 마주 보지 않고 아이의 뒤통수에 질문하는 기분이 들었다. 이번 캠핑장에서 아이들의 생각과 말문이 열린 이유를 되돌아보니, 내가 주방에서 무언가를 할 때 아이는 책을 보거나 숙제하고 있었다. 서로의 말에 귀 기울이지 못해 진솔한 대화가 이어지지 않았다. 캠핑은 일상에서 벗어나 별을 바라보며 서로의 이야기에 귀 기울이고 마음을 열어 진정한 대화를 나누게 해주었다.

동생이 먼저 자신의 경험담으로 이야기를 시작하니, 아이들 마음의 벽이 허물어지면서 평소에는 나누지 못했던 이야기들로 첫 캠핑의 밤을 보냈다. 이 캠핑을 계기로 서로의 마음을 활짝 열게 되었고, 겨울에는 모닥불을 피워 놓고 어린 시절 동생과 싸웠던 일, 놀이터에서 늦게까지 놀다가 혼났던 일 등을 이야기하면서 아이들과 공감대를 키워나갔다.

사람들은 자신의 경험한 만큼 문제를 해결할 수 있는 능력을 갖게 된다.

익숙한 상황에서는 능숙하게 반응하지만, 처음 겪는 일에는 쉽게 판단하기 어렵다. 때로는 다른 사람의 경험을 참고해 행동하기도 한다. 아이들도 마찬가지로, 인생을 시작한 지 오래되지 않아 모든 상황에 능숙하게 대처하긴 힘들다. 캠핑처럼 아이들이 경험하지 못한 이야기를 들려주고, 그 상황에 대해 생각할 수 있도록 하는 것이 바람직하다. 이러한 간접경험을 통해 세상을 넓게 바라보고 현명한 선택을 할 수 있도록 돕는 것도 좋은 방법이다.

자녀와 깊은 대화를 하고 싶다면, 서로 마주 보고 집중할 수 있는 공간의 변화가 필요하다. 내가 추천하고 싶은 곳은 공원이나 캠핑 같은 자연 속이다. 새로운 환경은 대화를 시작하기 좋은 공간이 될 수 있다. 새로운 공간으로 이동했다면, 먼저 부모 자신의 이야기부터 들려주자! 이렇게 시작하면 아이의 마음 열리는 소리가 들릴 것이다.

속닥속닥 하브루타 비밀 질문
▶ 산이나 바다 등 자연에서 대화가 잘 통했던 경험이 있나요?
▶ 자녀에게 나의 어릴 적 경험담을 해 준 적이 있나요?

자연에서 마음을 여는 첫 캠핑

3.
안돼! 그 말 너머의 진심 찾기
▲▽▲▽

『안돼』

    오늘 그림책 힐링수다 수업에서는 마르타 알테스의 『안돼!』라는 그림책으로 하브루타를 나누었다. 이 책은 강아지 뭉치가 가족들을 위해 음식을 먼저 맛보거나, 마당 여기저기에 땅을 파고 흙에 몸을 뒹구는 모습을 담고 있다. 가족들은 뭉치의 이런 행동을 보고 "안돼!"라고 외치게 된다. 가족들이 지어준 '뭉치'라는 이름이 있지만, 자주 듣는 이 말 때문에 자신이 '안돼'라는 이름인 줄 알고 있다.

이 그림책을 읽으면서 자연스럽게 단어의 의미에 대해 깊이 생각하게 되었다. 책 속에서는 다소 유쾌하게 표현되었지만, 내게는 살짝 불편한 말처럼 다가왔고, 그 감정을 따라가 보니 시작점을 찾게 되었다.

어릴 때부터 율동을 좋아했던 나는 초등학교 학예회에서 대표로 무대에 서기도 했고, 중학교 때는 무용 선생님께 소질을 인정받기도 했다. 고등학교에 진학하며 무용을 전문적으로 하고 싶다는 뜻을 밝혔을 때, 엄마는 단호하게 거절하셨다. 그 일이 계기가 되어 마음속에 반항심이 피어났다. 엄마는 항상 가족 일로 바쁘셨고, 내 이야기를 충분히 들어주시지 않는 듯했다. 내가 무언가를 원할 때마다 돌아오는 건 대부분 부정적인 반응이었고, 자연스레 '엄마는 내 마음을 몰라.'라는 생각이 자리 잡게 되었다.

대학 졸업 후 직장을 다니던 중, 대학원 진학에 대한 이야기를 꺼냈을 때도 반응은 마찬가지였다. 그 한마디가 나에게는 '네 의견은 중요하지 않아. 내 말만 따라.'라는 의미로 다가왔고, 마음속엔 또다시 답답함이 쌓였다.

친정엄마는 스무 살에 팔 남매 중 맏아들인 아빠를 만나 결혼하셨다. 세 남매인 우리를 낳아 기르시면서 고모와 작은아버지들 시집 장가도 보내야 했고, 가족이 많다 보니 집안의 여러 대소사를 도맡아 챙기셨다.

나는 대학원 진학을 포기하고 계속 직장생활을 계속한 후, 스물아홉 살에 결혼하고 그다음 해에 엄마가 되었다. 내가 결혼하고 아이를 낳아보니, 결혼 전에는 맏며느리인 엄마의 상황만 보였다면, 결혼한 후에는 엄마의 마음이 더 잘 이해가 되었다. 나는 첫 아이를 낳고 먹이고 입히고 재우는 일만으로도 정말 버거웠다. 그런데 엄마는 세 남매 육아에 시댁 식구들까지 돌봐야 했으니 하루가 얼마나 지치고 마음의 여유가 없었을까. 요즘 육아 전문가들이 말하는 '자녀의 마음 읽어 주기'는 꿈도 꿀 수 없는 일과를 보내셨던 엄마를 떠올리면 더욱 마음이 짠하다.

어느 날, 엄마가 반찬을 가지고 손자가 보고 싶다며 집에 오셨다. 그 기회를 틈타 엄마에게 내 마음을 그대로 전해보았다.

"엄마! 내가 무용하고 싶다거나 대학원 가고 싶다고 했을 때 '안돼'라는 말에 반항심이 생겼었어. 엄마가 날 이해하지 못하는 것 같아서 속상하고 미웠던 적도 있었는데…. 결혼해 보니까 경제적으로나 여러 상황 때문에 해주지 못했던 엄마의 마음을 이제는 알 것 같아."
"그래!"

엄마는 나의 이야기를 듣고 한마디 하시고 아무 말이 없으셨다.
그때 나는 엄마의 반응이 전혀 섭섭하지 않았다. 지금까지 맏며느리로서 많은 것을 참고 살아오신 엄마의 마음을 이해하게 되었기 때문이다. 이야기를 마치고 나니, 신기하게도 나의 마음에 오래 자리 잡고 있던 엄마에 대한 서운함이 눈 녹듯이 사라졌다. 그 후로 엄마와의 대화가 훨씬 편해졌고, 두 남매를 키우며 힘든 부분에 대해 엄마에게 자주 이야기하게 되었다. 이렇게 편안한 대화는 엄마를 이해하는 나와 나를 인정해 주는 엄마의 마음이 함께 어우러져, 마치 꽃과 나비의 대화처럼 따뜻함을 느끼게 해주었다. 이제 엄마는 나의 힘든 마음도 이해해주시고, 엄마의 경험담으로 조언과 격려를 해주신다. 이렇게 우리 모녀는 초보 엄마와 경력 엄마의 육아 제2막이 시작되었다.

속닥속닥 하브루타 비밀 질문
▶ 평소 들었을 때 감정이 불편한 말이나 단어가 있나요?
▶ 엄마는 나에게 어떤 존재인가요?

4.
엄마의 빈자리가 두려운 나이

▲▽▲▽▲

"엄마가 네 옆에 항상 있을 줄 알아?"

외할머니가 뇌종양으로 갑자기 돌아가신 후, 엄마가 나에게 하신 말이다.

최근에 엄마는 입 주변에 삼차신경통으로 열흘 가까이 말을 하지 못하시고, 식사도 잘 못 하시며 누워만 계셨다. 병원에서 진료를 받고 약을 드시지만, 갑자기 심해지는 통증에 힘들어하시다가 대학병원 진료를 받고 조금 호전이 되셨다. 여동생과 나는 며칠 식사하지 못한 엄마를 모시고 외식을 했다.

엄마는 식사하면서 외손자와 외손녀의 황혼 육아를 마치고, 더 늙기 전에 여행을 다니며 여생을 즐기고 싶다고 말씀하셨다. 아픈 곳이 생기고 늘어나는 약들에 서러워 외할머니 생각이 났다고 말씀하신다.

10년 전 엄마는 외할머니를 모시고 친척 결혼식에 다녀오시는 길이었다. 외할머니가 휴게소에서 화장실도 못 찾으며 평소와 다른 모습을 보여, 엄마는 걱정하는 마음으로 우리 집에 모시고 오셨다. 곧바로 병원으로 갔다. 검사 결과 할머니의 병명은 뇌종양이었고, 의사는 6개월밖에 사시지 못할 것이라고 했다. 의사의 말에 가족 모두 충격과 슬픔에 빠졌다. 아버지와 엄마는 상의 끝에 외할머니를 돌보기로 하셨다. 엄마의 노력에도 외할머니 건강은 하루가 다르게 나빠지셨고, 엄마는 거동이 어려운 외할머니께 식사와 용변, 목욕 등 돌봄에 최선을 다하셨다. 하지만 엄마는 외할머니가 돌아가신 후, 큰딸로서 잘 챙겨드리지 못한 것을 자책하며 외할머니를 떠올릴 때마다 눈물을 흘리셨다.

'이렇게 누워 있다가 못 일어나는 건 아닐까? 병간호로 자식들한테 고생시키지 말고, 짧게 아프고 죽어야 할 텐데….'

엄마는 이런저런 생각을 하셨다고 한다.

"엄마 소원은 자식들 고생 안 시키고, 아프면 다음 날 눈 감는 거야."라고 말씀하셨다.

아프면서도 자식들이 힘들어할까, 걱정하는 게 부모의 마음인가 보다.

나는 아직 그런 일을 겪어보지 않았지만, 엄마가 외할머니와 할머니 두 분을 병간호하는 모습을 보며 성장해 왔다. 그래서인지 내 부모의 병간호는 전혀 두렵지 않다.

걱정하는 엄마에게 나는 이렇게 이야기했다.

"엄마는 내가 어릴 때 기저귀 빨아주고 밥 먹여주고 키워 줬잖아. 그래서 엄마가 나이 들어 아기처럼 되면, 내가 엄마를 그렇게 돌볼 거야. 그때는 미안해하지 말고, 나 고생시킨다고 안 미워할 테니까 걱정하지 말고, 오래오래 내 곁에 엄마로 있어 주면 좋겠어."

나는 말하는 동안 목소리가 떨리고 눈물이 나올 것 같았지만, 참고 말을 마쳤다.

내 이야기를 들은 엄마는 아무 말씀 없이 조용히 음식을 드시기만 하셨다. 20대의 나였다면 엄마와 이런 대화를 나누지 못했을 것 같다. 하지만 40대 중반에 접어든 나는 내 아이들에게 주는 무조건적인 사랑을 나 또한 받으며 자랐다는 것을 깨닫고 있다. 이제는 엄마의 속으로 삼켜야 했던 눈물이 무엇인지 조금씩 이해하게 되었기에, 이런 대화가 가능해졌다.

사실, 이러한 생각을 하게 해준 고마운 책이 하나 있다. 바로 김윤정의 『엄마의 선물』이라는 그림책이다.

OHP 필름을 이용해 만든 이 책은 엄마가 자녀에게 전하는 따뜻한 메시지를 담고 있다. 마지막 부분의 글귀는 이렇다. '엄마, 저도 엄마가 너무나 소중해요. 저와 약속해 줄래요? 언제까지나 지켜봐 주겠다고…….'

이 그림책을 읽고 눈물을 흘린 기억이 난다. 예전에는 엄마의 사랑과 관심이 갑갑하게 느껴져서 멀어지고 싶었던 나였지만, 지금은 엄마의 건강이 걱정되고, 엄마의 빈자리가 두려워지는 나이임을 새삼 알게 되는 시간이었다.

동생과 나는 엄마의 건강에 대해 걱정하며 언젠가는 엄마와의 영원한 이별 이야기를 나누었다. 엄마의 장례식은 특별하게 하고 싶다는 생각이 들었고, 영정사진 대신 엄마의 인생 이야기가 담긴 영상을 준비하고 싶었다.

"엄마, 우리 생각해 보았는데 엄마 장례식은 특별하게 하고 싶어."
"그냥 남들하고 똑같이 해."
"내 엄마는 특별하게 보내고 싶어."
"……."

엄마는 더 이상 말씀을 하지 않으셨다.

내 마음을 다하여 엄마를 보내드리는 것도 좋은 생각이지만, 한편으로는 엄마가 조금이라도 건강하실 때, 예쁜 카페에 가서 대화도 하고, 쇼핑도 하며 소중한 추억을 쌓는 것이 특별한 준비라고 생각했다. 그래서 앞으로 엄마와 함께하는 시간을 더 많이 보내고, 작은 일상에서도 엄마가 많이 웃을 수 있는 시간을 보내야겠다.

속닥속닥 하브루타 비밀 질문
▶ 엄마와 함께하고 싶은 일이 있나요?
▶ 엄마의 부재에 대해 생각해 본 적이 있나요?

5.
아이와 함께 하는 경제 이야기
▲▽▲▽▲

'아이들이 세금을 내는 걸까?'

나는 인터넷 서점에서 아이들과 함께 읽을 책을 고르다가, 제목이 조금 의아한 책 한 권을 발견하였다. 그 책은 옥효진 글, 김효연 그림의 『세금 내는 아이들』이었다. 궁금해서 간단한 내용과 서평을 읽어보니, 이 책은 초등학교 한 학급에서 아이들이 월급을 받고 저축하며 세금을 낸다는 이야기와 여러 가지 내용이 담겨 있었다. 서평에서는 아이들이 직접 경험을 통해 경제를 이해하고 경제개념을 익히는데 좋은 책이라고 쓰여 있었다. 내용이 궁금해져서 배송 받은 후 하루 만에 읽어보았고, 아들과 딸에게 간단히 내용을 이야기해 주며 읽어보라고 권해주었다.

주말이 되어 TV를 보고 있는 아이들에게 나는 의견을 제안하였다.

"우리도 직업을 정해서 월급을 받아 보는 거 어때?"

아들과 딸이 동시에 대답했다.

"좋아."

"그럼, 직업은 뭐로 할까?"라고 물었다.

"약사 어때? 우리가 영양제를 하루에 여러 번 먹어야 하는데, 약사가 챙겨주면 좋을 것 같아."라고 딸이 대답하였다.

딸의 적극적인 대답에 나는 신이 나서 의견을 또 내놓았다.

"또 하나는 사서 어때? 책을 다 읽고 거실에 놓아두거나 책장에 없는 경우가 많아서 책을 관리해 주는 사서가 있으면 좋겠어."

"방마다 있는 쓰레기통을 비워주는 환경미화원도 있으면 좋겠어."

딸과 내가 하는 이야기를 듣고 있다가 아들이 이야기하였다.

"그런데 우리는 두 명인데 직업은 세 개잖아. 그러면 어떡해?"

아들의 물음에 딸이 아이디어를 내놓았다.

"사서는 간단한 일이니까, 사서와 약사를 같이 하는 건 어때?"

월급의 금액이 궁금했던 아들이 물었다.

"그럼, 월급은 다르게 받는 거야?"

"그래야겠지!"라고 내가 대답하였다.

나의 제안에 아이들도 자신의 의견을 이야기하며, 월급 받는 날, 직업명,

월급 금액, 소득세 등 자세한 실천 방법들에 관한 이야기를 나누었다. 아이들은 소액이지만 어른들처럼 월급을 받는다는 기분을 느껴볼 수 있다는 사실에 첫날부터 기대에 차 있었다. 하지만 그 기대는 오래가지 못하고 조금씩 어긋나기 시작하였다.

"책 정리를 제대로 해야지!"

아들과 딸은 다투기 시작하였다. 아들은 책을 아무 곳에 두어도 동생인 사서가 정리해 줄 거로 생각하고 있었고, 딸은 사서가 관리만 할 뿐, 책을 읽은 오빠가 제자리에 가져다 놔야 한다고 주장하였다.
그래서 나는 둘에게 물어보았다.

"도서관에서는 어떻게 책을 관리하는지 본 적 있니?"
"사서에게 빌리거나 반납할 책을 주면, 바코드를 찍고 확인해 주는 걸 본 적 있어."라고 아들이 말했다.
"그런데 우리는 바코드가 없으니까, 어떻게 관리하면 좋을까?"라고 내가 질문하였다.
"빌려 가는 사람이 공책에 날짜와 책 제목을 쓰고, 정리할 때 사인하고 다음 책을 빌리면 어떨까?"라고 사서 담당인 딸이 제안하였다.
딸의 해결책에 아들도 동의하고, 실천해 보기로 하였다. 몇 주가 지나고,

딸이 컴퓨터 앞에 앉아 무언가를 적고 있었다. 제목은 '사서 벌점/경고 기준'이었다. 이렇게 적고 있는 이유를 물어보니, 아들이 정해놓은 약속을 여러 번 지키지 않아 생각해 낸 방법이라고 하였다. 딸은 오빠 책상에 붙여놓고 꼭 지키게 하겠다는 비장한 모습이 귀엽기도 하고 웃음이 나기도 하였다.

사서 벌점/경고 기준
1. 책을 빌리지 않고 방을 나갔을 시: 벌점 1점
2. 책을 제대로 정리하지 않았을 시: (밖)경고 2점
3. 책을 제대로 정리하지 않았을 시: (안)경고 1점
4. 책을 제대로 꽂아놓지 않았을 시: 경고 1점
5. 책을 1개월 이내로 반납하지 않았을 시: 벌점 2점

* 벌점 3번이면 1주일 간 책을 빌릴 수 없고, 경고 3번이면 벌점 1점이다

경고○○○ ○○○ ○○○
벌점○○○

갈등 해결하는 우리

두 달이 지나고 서로의 직업에 익숙해질 무렵, 아들은 직업을 바꾸기를 희망하였다. 아들은 환경미화원에서 약사와 사서로 직업을 바꾸었다. 얼마 후, 영양제를 주문하려고 약통을 확인해 보니 한 알도 남아 있지 않았다. 그래서 약사인 아들에게 물었다.

"이 약이 언제부터 없었어?"

"한 일주일 정도 된 것 같아!"

"다음부터는 약이 열 알 정도 남았을 때 엄마한테 얘기해 줄래? 그래야 엄마가 주문하고 받는 시간을 고려해서 미리 주문할 수 있으니까."

"응, 알겠어~."

하루는 여동생의 생일을 위해 오전부터 장을 보고 주방에서 분주하게 움직이는 나를 보고 딸이 물었다.

"엄마 뭐 하고 있어?"

"오늘 이모 생일이라 저녁 준비하고 있지."

"아~ 그럼 이모 생일 선물 사줄까?"

"좋은 생각인데…. 뭐 준비할 거야?"

"글쎄…."

"월급 받은 돈으로 오빠랑 같이 케이크 사는 건 어때?"

"좋아~, 오빠~."

딸은 오빠를 부르며 오빠 방으로 갔고, 조금 후에 월급으로 모은 금액 중 2만 원을 가지고 나갔다. 아들과 딸은 함께 케이크를 사러 갔지만, 가격이 생각보다 비싸서 당황하며 빈손으로 돌아왔다. 그래서 나는 아이들의 마음이 기특해 부족한 금액을 대신 내주었다. 그날 우리는 여동생이자 이모의 생일을 그동안의 생일보다 더 완벽한 날로 만들어 주었다.

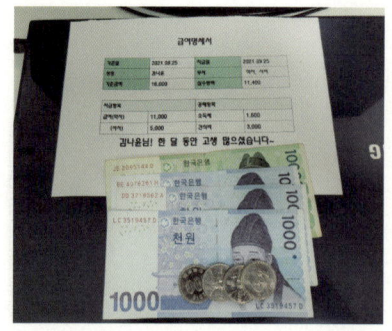

| 작은 사회에서 배우는 돈의 가치 | 급여 명세서 샘플 |

　우연히 만난 한 권의 책 덕분에 나와 아이들은 경제개념도 배우고 다른 소중한 것들을 경험하게 되었다. 직업을 갖고 실천하면서 내 일에 대한 책임감도 알게 되었고, 상황에 따라 발생하는 문제를 찾아내고 해결하려는 힘도 생겼다. 돈의 액수보다 그 사용 가치를 경험하며, 우리는 한 걸음씩 성장하고 있었다.

속닥속닥 하브루타 비밀 질문
▶ 의견이 다르다고 다툰 적이 있나요?
▶ 의견이 다른 사람과 어떤 방법으로 해결했나요?

6.
그리움 한 조각, 외할머니와의 시간

▲▽▲▽▲

외할머니는 나에게 두 번째 엄마와 같은 존재다.

유치원 방학 때마다 외할머니 댁에서 지내곤 했고, 내가 아프기라도 하면 외할머니께서 나를 업고 병원으로 달려가셨다. 삼 남매 중에서 가운데인 나는 외할머니와 추억이 많다. 한번은 7살 때 외할머니 댁에 가는 길에 있었던 일화이다. 고속버스에서 내려 화장실에 다녀오는데, 우리가 타야 할 버스가 출발하고 있었다. 외할머니는 급한 마음에 버스를 잡으려고 달리셨고, 나도 따라 뛰었다. 할머니는 내가 생각이 나셨는지 뒤를 돌아보셨다. 경황이 없는 중에 외할머니 뒤에서 뛰고 있는 내가 대견하셨는지, 내가 성인이 되고 나서도 그 일을 잊지 않으시고 만날 때마다 "지금도 달리기 잘하지?"라고 말씀하시며 그때 이야기를 또 꺼내신다.

어렸을 때 몸이 약했던 나는 자주 병원에 다녔다. 외할머니 댁에 가 있었던 날도 예외는 아니었다. 하루는 열감기로 외할머니 등에 업혀 병원에 가는 길이었다. 한참을 걸어 병원에 도착한 후 할머니는 찢어진 지갑을 보고 깜짝 놀라셨다.

"어머! 지갑이 왜 이렇게 됐지?"
외할머니가 나를 없고 계실 때, 강도가 칼로 지갑을 찢고 돈을 훔쳐 간 것이었다.
"아이고! 우리 인경이 다친 곳 없니?"라고 하시며 나를 걱정해 주셨다.

외할머니는 아픈 외손녀 생각에 병원으로 급히 가느라 뒤에서 무슨 일이 있었는지 전혀 알지 못하셨다. 다행히도 나는 할머니 등에 업혀 자고 있었고, 돈만 훔쳐 간 것이다. 이런 할머니와 험난했던 추억도 있다.
대학 졸업 후 직장인이 되어도 "우리 인경이 아픈 데 없지?"라며 항상 전화를 주신다. 첫 월급을 받아 교통비와 생활비를 제외한 나머지를 부모님께 드리고, 두 번째 엄마와 같은 외할머니께 용돈을 드리고 왔다.

"인경이가 번 첫 월급으로 용돈을 주고 갔다~ 내가 이 돈을 어떻게 쓰냐~"라고 엄마에게 전화하셨단다.

외할머니는 자주 아프고 어리게만 보았던 외손녀에게 용돈을 받고 좋아하셨다. 지금은 용돈을 드리고 싶어도 드리지 못하고, 고속버스 터미널 이야기를 듣고 싶어도 더 이상 들을 수 없게 되었다. 19년 전, 외할머니께서는 뇌종양으로 발병된 지 6개월 만에 갑작스럽게 돌아가셨기 때문이다.

누구보다 외할머니의 사랑을 많이 받은 나는, 할머니의 빈자리를 한참 동안 잊지 못하고 살아왔다. 그런데 이제 나만의 가정을 꾸리고 두 아이를 기르는 엄마가 되다 보니, 할머니의 빈자리를 잊고 지내고 있었다. 그러던 중, 그림책 속 한 장면이 외할머니와 함께했던 소중한 추억들을 소환해 주었고, 그 기억들이 마치 선물처럼 내게 다가왔다.

친정엄마는 외할머니가 돌아가신 후에도 여전히 그리워하신다. 동생과 함께 엄마를 모시고 카페데이트를 할 때면, 엄마는 외할머니와 나누지 못한 시간의 아쉬움을 표현하신다. 내가 보기에는 엄마도 분명 딸로서 외할머니에게 최선을 다하셨지만, 잘해 드리지 못한 기억만 떠올리신다. 먼 훗날, 나도 엄마처럼 엄마가 돌아가시고 나면 후회하는 마음이 들 수 있겠지만, 현재에 최선을 다하는 딸이 되고 싶다. 외할머니와의 추억이 몽글몽글 떠오르는 이 밤, 후회하고 자책하는 엄마의 마음을 위로하고 싶어 시를 적어본다.

엄마의 위로

지은이: 김인경

문득 외할머니와의 추억이 떠오른다.

내 엄마의 엄마!

나에겐 추억이지만

엄마에겐 허전함으로 다가와

엄마의 세월 안에 한 부분으로 사무치는

내가 엄마의 위로가 되어 드려야지

이 시를 읽고 외할머니, 엄마, 나 모두 행복한 밤이 되기를 바란다.

속닥속닥 하브루타 비밀 질문

▶ 만나고 싶어도 만날 수 없어 그리운 사람이 있나요?

▶ 내가 생각하는 좋은 자녀, 부모, 조부모의 역할은 무엇인가요?

제5장

우리들의 그림책 하브루타, 함께 물들다

어느 여름, 하브루타 그림책 힐링수다 ZOOM수업에서 수강생들의 얼굴이 하나 둘씩 나타나기 시작하였고, 모두가 모였다. 각자 살고 있는 지역과 직업을 소개한 후, 강사님이 공지에 올려주신 그림책을 보면서 질문에 대해 각자의 생각을 나누었다. 첫 수업은 조금 어색하게 시작된 것 같았지만, 몇 번을 만나면서 서로에 대한 마음이 점점 열렸다. 강사님 질문에 각자의 다양한 생각들이 덧입혀져 틀림이 아닌 다름을 존중했다. 어느새 상대방 선생님의 생각을 본받고 싶다는 마음이 생긴 우리들이었다.

ZOOM 안의 소회의실에서 짝과 질문하는 시간은 정말 기대되는 시간이다. 그림책을 보면서 과거와 현재의 나를 돌아보고, 내 고민과 생각들을 짝에게 질문하는 모습을 발견하게 된다. 짝의 대답을 듣고 나면 고민이 해결되지는 않지만, 긍정적인 생각으로 바뀌는 마법 같은 경험을 하기도 한다. 수업의 마지막은 하브루타를 통해 그림책을 나누는 시간 동안 느낀 점을 한 문장으로 정리하며 하루를 마무리한다. 이러한 시간이 바로 목요일 저녁 힐링을 주는 '하브루타 그림책 힐링수다' 시간이다.

힐링되는 시간을 우리끼리 보내는 것도 좋지만, 많은 사람들이 함께 힐링할 수 있기를 바라며 그동안 선생님들과 나눈 그림책 하브루타 내용을 정리해 보았다.

▶ 우리가 나눈 이야기 키워드는 아래와 같다.

✓ 나의 One Pick 장면 책에서 가장 인상 깊었던 장면을 이야기합니다.
✓ 내가 뽑은 키워드 읽으며 기억에 남거나 의미 있는 단어를 만듭니다.
✓ 우리들의 질문 짝과 나누고 싶은 질문을 만들고 답을 합니다.
✓ Talk Talk 공통된 질문을 중심으로 대화합니다.
✓ 그때 그 느낌 책을 읽고 느낀 점을 자유롭게 나눕니다.
✓ 나의 한 문장 내 생각을 한 문장으로 담아냅니다.

1
자존감은 키우고
편견 없이 받아들이고 싶다면

▲▽▲▽▲

홍서연

『사자마트』

김유 글 | 소복이 그림

사자마트의 주인 사자 씨는 외모 때문에 손님들이 자주 오지 않았지만, 어느 날 전기가 나가자, 촛불을 밝히고 첫 손님을 맞이합니다. 이후 사람들은 사자 씨의 친절함에 마음을 열고, 마트는 점차 활기를 되찾게 됩니다.

☺ 나의 one pick 장면

서연 사자마트를 들른 사람들이 친절한 아저씨의 모습을 칭찬하며 밝아진 마음으로 집으로 향하던 장면이요. 사람은 누구나 타인에 대한 편견과 오해가 있는 것 같아요. 그 사람의 진심과 속마음을 제대로 알지 못하면서 겉으로 보이는 모습으로 판단하고 결론을 내릴 때가 있잖아요. 막상 그 사람을 자세히 보고 깊이 이야기 나누다 보면 눈 녹듯 나의 편견이 깨지는 경험을 할 때도 있고요. 이 장면을 보며 '사자 아저씨에게 품었던 나의 고정관념과 편견이 마을 사람들이 갖고 있던 마음과 비슷했겠구나.' 하고 생각했어요. 진심 어린 사자 아저씨의 친절한 행동을 보며 제 마음도 밝아지는 느낌이 들었어요.

정민 '해가 서쪽으로 기울어 가는데도 사자마트에 물건을 사러 오는 사람은 아무도 없었습니다.' 이 장면에서 사자마트 주인이 문 쪽을 바라보고 있지만, 마트 쪽을 쳐다보거나 물건을 사러 들어오는 사람이 없는 모습을 보면서, 마트 주인의 성격이 궁금해졌어요. 그 상황에서 마트 주인이 얼마나 쓸쓸하고 외로울지 상상하게 되었죠. 사람과의 소통을 위해 어떤 방법들이 있을까를 생각하게 하는 장면인 것 같습니다.

인경 불이 꺼진 마트 안에서 아이들이 "자세히 보니까 잘 보여요."라고 물건을 보고 말하는 장면이에요. 사람들은 겉모습만으로 판단하고 편견을 가지게 되는 것 같아요. 편견을 두고 대하던 사람과 막상 가까이 지내보면 생각이 바뀌는 경우가 있잖아요. 저도 나중에 친해진 친구에게서, 처음엔 겉모습만으로 성격이 차가울 것 같다는 말을 들은 적이 있어서 기억에 남는 장면이었던 거 같아요.

☺ 내가 뽑은 키워드

서연 배려, 판단, 친절함, 자존감, 따뜻한 마음, 지속, 한결같음, 인정, 진심, 소통의 중요성

정민 나다움, 끈기, 편견, 선입견, 다름을 인정, 오해, 첫인상, 경솔한 행동, 판단, 변화

인경 외모지상주의, 첫인상, 진심, 소문, 마음의 눈, 오해, 선입견, 겉모습, 소문

☺ 우리들의 질문

서연 인정받지 못하는 상황일 때 어떻게 대처하나요?
마음은 속상하지만, 나의 부족한 부분을 한 번 더 점검하고 되돌아보는 것 같아요.

정민 겉모습만 보고 그 사람을 판단함으로써 실수한 경험이 있나요?
직장에서 성격이 맞지 않을 것 같다고 생각한 교수님이 계셨어요. 같은 프

로젝트를 함께 하게 되면서 처음에는 걱정이 되었죠. 하지만 회의를 거듭하면서 그분이 일에 얼마나 진지하게 임하는지, 창의적인 아이디어를 많이 내는 모습을 보고 편견이 있었다는 것을 깨달았어요. 그 후, 솔직하게 제 생각이 잘못됐다고 말씀드리고 나니, 더 편안하게 소통할 수 있었습니다. 겉모습이나 첫인상만으로 사람을 판단했던 제 실수를 인정하고 나니, 새로운 관계의 가능성이 열리는 경험을 했어요.

인경 사자마트를 운영한다면 어떻게 운영하고 싶은가요?

마트 주인의 헤어스타일을 새롭게 바꾸고, 마트 앞에 사람들이 편안하게 앉아서 쉴 수 있도록 의자를 비치할 거예요. 그런 다음 앉아 있는 분들과 자연스럽게 대화를 나누며 필요한 물건을 사도록 하는 거예요.

☺ Talk Talk

⇒ 최근에 나의 편견이 눈 녹듯 사라진 경험을 한 적이 있나요?

서연 함께 수업을 듣는 선생님이 있어요. 오고 가며 얼굴만 아는 분인데 그분의 외모만 보고 혼자서 '저 선생님은 왠지 까칠하실지도 몰라.' 하고 생각하곤 했어요. 그러던 어느 날, 수업 중에 함께 토론하고 이야기를 나눌 기회가 있었는데, 그분은 목소리도 매우 차분하시고 생각도 깊으시더라고요. 특히 제가 이야기할 때는 눈을 바라보며 경청해 주시고 "맞아요, 맞아요." 하며 맞장구를 쳐주시고 웃어주시는데, 그 순간 마음속에 품고 있던 편견이 마치 눈이 녹듯 사르르 사라지며 괜히 얼굴이 빨개지는 경험을 한 적이 있어요.

정민 처음 보는 사람들에게 낯가림이 많아 먼저 말을 거는 성격은 아니에요. 처음 저를 보면 도도하게 보이거나 화난 사람처럼 보여서 접근하기 어려워하곤 하는데, 실제로 말을 걸면 부드럽고 편하게 대화도 잘 받아주고, 다른 사람들의 이야기도 잘 들어준다고 합니다. 이제부터는 미소를 띤 얼굴로 사람들을 대하기 위해 의식적으로 입꼬리를 올리는 연습을 좀 더 자주 해야겠어요.

인경 평소 잘 다니는 제과점이 있는데 항상 고르는 빵만 고르다가 평소 맛이 없을 거 같아 고르지 않았던 빵을 골라 넣었어요. 집에 도착해 빵을 잘라 한입 먹었는데 맛있는 거예요. 그다음부터는 새로운 빵에 대한 편견이 깨지면서 한 번씩 새로 나온 빵에 도전하게 돼요.

☺ 그때 그 느낌

서연 사자 마트의 아저씨는 사람들의 수군거림과 시선을 분명히 알고 있었을 거예요. 그런데도 묵묵히 자기 일을 해 나가며, 오해를 가졌던 사람들에게도 밝게 웃으며 친절함을 보여주지요. 자존감이 높은 아저씨를 보며 사람들의 어떠한 편견과 오해에도 흔들림 없이 나만의 길을 가야겠다는 용기와 자신감을 얻었어요.

정민) 마트는 서비스업종이라고 생각해요. 자신만의 캐릭터도 중요하겠지만 사람들과의 관계에서 자신을 긍정적인 모습으로 보이기 위해서는 기본적인 외모에 신경을 써야 한다고 생각합니다. 사람들이 사자 씨의 내면에서 우러나오는 친절과 상냥함을 알게 되었다는 것이 다행입니다. 겉모습만으로 판단할 수 없다는 점을 이 그림책에서 말해주고 있는 것 같아요.

인경) 저는 그 사람에 대해 알려면 사람의 행동이나 마음의 깊이를 봐야 한다는 생각을 해요. 그런데 사람들이 사자마트 아저씨의 겉모습만 보고 판단하는 모습이 안타깝다는 생각이 들었어요. 마트 운영에 지장을 주고 생계까지 영향을 준다고 생각하니 소문을 퍼트린 아주머니가 얄미운 생각이 들었어요.

☺ 나의 한 문장

서연) 섣부른 판단은 이제 그만!
정민) 누가 뭐래도 나는 나야!
인경) 자세히 보아야 잘 보인다. 우리도 그렇다!

2.
나눔과 배려의 시작이 '나'이고 싶다면

▲▽▲▽▲

홍서연

『다람쥐의 구름』
조승혜 그림책

    늘 우울한 다람쥐는 비구름을 달고 다니며 친구들에게 피해를 주는 듯 느끼지만, 옆집 생쥐와 함께 산책하며 자신의 비구름이 자연에 도움이 됨을 깨닫습니다.

😊 나의 one pick 장면

서연 다람쥐와 생쥐가 함께 산책하다가, 시들었던 들꽃이 활짝 피어나는 모습을 보고 생쥐가 뒤돌아 바라보는 장면이요. 의도치 않게 토끼의 비구름 덕분에 꽃들이 활짝 피었고, 그 변화를 생쥐가 알아봐 주었어요. 마치 따뜻한 미소를 건네듯, 내가 뜻하지 않게 베푼 작은 선행을 누군가가 알아주고 인정해 준다면 참 뿌듯할 것 같아요. 마치 "나는 네가 한 일을 알고 있어."라고 말해주는 순간처럼요.

정민 저도 그 장면이 기억에 남아요. 다람쥐와 생쥐가 함께 산책하면서 우산을 다람쥐에게 씌워주고, 그때 시든 꽃이 비에 의해 활짝 피고, 생쥐가 뒤돌아보며 웃는 모습이 인상 깊었어요. 전체 내용을 보면, 생쥐는 비를 통해 다람쥐와 친구가 되고, 다람쥐의 표정도 점차 변해가며 구름 색깔도 변하죠. 이 장면에서 생쥐가 그 꽃에 생명을 불어넣은 것 같고, 그 모습을 보며 흐뭇해하는 표정처럼 느껴집니다. 시든 꽃이 다람쥐의 마음을 상징하는 것 같아요. 아마 저도 그런 친구가 필요해서, 이 장면이 기억에 남습니다.

인경 생쥐가 다람쥐에게 우산을 씌워주는 장면이에요. 왜냐하면 다른 동물들은 다람쥐를 피하기만 했잖아요. 저는 생쥐가 다람쥐와 함께하기 위해서 우산을 씌워주는 장면이 낯가림이 많은 저에게 다가와주는 것 같아 따뜻하게 느껴졌어요.

☺ 내가 뽑은 키워드

서연 친구, 소심, 위축됨, 자신감, 타인의 손길, 동화됨, 마음 나눔, 이웃, 편안한 마음, 뜻하지 않은 선행

정민 함께, 작은사랑, 관심, 먹먹함과 안타까움, 안쓰러움, 위로, 관심, 나눔, 존중, 배려, 회복탄력성, 거리두기, 변화의 시작

인경 자책, 감정, 생각의 전환, 배려심, 거리감, 선한 영향력, 콤플렉스, 외톨이, 위로, 민폐

☺ 우리들의 질문

서연 내가 단점이라고 여겼던 부분이 뜻밖에 누군가에게 도움이 된 적이 있나요?

때로는 너무 빠르게 결정을 내리는 경향이 있어 단점으로 느껴질 때도 있지만, 다음 일정을 위한 빠른 결단이 필요한 상황에서는 오히려 큰 도움이 되기도 하더라고요.

정민 해결되지 않는 고민으로 베개가 흠뻑 적도록 울어본 경험이 있나요?

대학생 시절, 정말 해결되지 않는 고민 탓에 힘들었어요. 그때는 어떻게 해야 할지 몰랐고, 제 마음도 다치고 너무 지쳤죠. 그러다 대학원에 입학하고 명동성당에서 영세를 받게 되었어요. 그 이후로는 고민이 생길 때마다 자연

스럽게 하느님께 의지하게 되었고, 그것은 제게 큰 위로와 힘이 되어 주었어요. 종교는 저에게 삶의 어려움을 이겨낼 수 있는 강한 버팀목이 되어줬어요.

인경 나는 나의 감정을 어떻게 다루는 사람인가요?
지금 나의 감정이 어떤 감정인지 분류하고 그 감정이 나타나는 근본적인 이유를 찾아보려고 해요.

☺ Talk Talk
⇨ 나에게 생쥐 같은 존재가 있나요?

서연 저는 가족과 친한 친구들, 그리고 함께 책을 쓰고 마음 나누는 선생님들이 생쥐와 같은 존재인 것 같아요. 제가 힘들고 어려운 일 있을 때 제 마음을 헤아려주고, 아무런 대가 없이 손 내밀어 주는 사람들이니까요.

정민 저는 가족과 현재 동아리에서 만나는 분들이 제게는 큰 의미가 되는 존재입니다. 남편은 함께 있지 않지만, 만나면 항상 제가 하고자 하는 대로 뒤에서 지원해 주고, 딸들은 각자 그들만의 방식으로 생쥐 역할을 해주고 있어요.

인경 결혼 전에는 지금까지도 친분을 유지하고 지내는 직장동료였어요. 결혼한 후는 남편이 저의 모든 마음을 받아주고 있어요. 그리고 저와 정반대 성격을 가진 여동생이 결혼하고 육아를 하며 엄마라는 공통점이 생기니 이야기도 잘 통하고 평생 생쥐 같은 존재인 것 같아요.

😊 그때 그 느낌

서연 마치 나 혼자만 세상에 덩그러니 놓여 있는 것 같은 외로움을 느낄 때, 생쥐처럼 말없이 미소 지으며 우산을 씌워주는 누군가가 있다면 그보다 든든한 위로는 없을 거예요. 살아가다 보면 때로는 다람쥐가 될 때도, 생쥐가 될 때도 있을 테니, 언제나 주변을 세심하게 살피며 따뜻한 마음으로 살아야겠다고 느꼈어요.

정민 사람은 결코 혼자 살 수 없기에 내가 외롭다는 것을 생쥐 같은 사람에게 말하고 다가가야 하지 않을까요. 요즈음 사람들은 너무 바빠 옆에 사람이 어떤 상황인지 알 수 없을 것 같아요. 내가 지금 힘들다고 말한다면 다 생쥐가 되어 주지 않을까요.

인경 결혼 후 친정과 멀리 떨어진 타지에서 아는 사람 없고 도와 줄 사람 없이 산후 우울증이 왔는지도 모르고 육아를 했던 나의 모습이 떠올랐어요. 지금 제 주변에 저처럼 누가 비를 맞고 있는지 살펴보며 내가 생쥐가 되어 줄 수 있는 마음을 가꿔야겠다고 생각했어요.

☺ 나의 한 문장

서연 내가 베푼 작은 선행이 누군가에겐 커다란 삶의 변화가 될 수도 있다는 걸 기억하자!

정민 손을 내밀 때 따뜻하게 잡아주는 마음을 키우자!

인경 감정을 건강하게 다룰 수 있는 사람이 되자!

3.
창의력과 문제해결력을 키우고 싶다면

▲▽▲▽▲

김인경

『신데룰라』
엘렌 잭슨 글 | 케빈 오말리 그림 | 이옥용 옮김

신데룰라는 힘든 집안일 속에서도 창의적인 방법으로 삶을 개선하려고 노력하며, 무도회에 가기 위한 장기적인 계획을 세웁니다.

☺ 나의 one pick 장면

서연 루퍼트 왕자와 춤추는 장면이요. 신데룰라는 늘 씩씩하고 밝긴 하지만 지금껏 살면서 자신과 소통하며 마음을 나눌 상대는 없었을 것 같아요. 그런데 자신과 말이 통하고 가치관이 비슷한 루퍼트 왕자를 처음 만나 함께 춤추며 미소 짓는 모습이 행복해 보여요.

정민 결혼식 장면입니다. 그 장면에서 신데렐라는 랜돌프 왕자와 등을 돌린 채 화장을 하고 있고, 랜돌프 왕자는 거울을 바라보고 있어요. 신데룰라와 루퍼트 왕자는 손을 맞잡고 있지만, 신데렐라 쪽을 의식하는 분위기 탓에 성스러워야 할 결혼식이 조금 어수선하게 느껴졌어요. 신데렐라가 결혼식에 온 하객들에게 전혀 신경 쓰지 않고 자신의 외모에 신경을 썼다면, 신데룰라의 걱정스런 표정은 주위를 의식하면서 축하하러 온 사람들에 대한 배려에 있지 않을까, 저 역시 주위를 의식하는 편이라, 이 장면이 인상 깊었어요.

인경 합동결혼식을 올리는 장면이요. 신데룰라와 루퍼트 왕자는 몸의 방향이 서로를 바라보는데 신데렐라와 랜돌프 왕자는 서로 등을 지고 자기 자신만을 돋보이고 싶어 하는 장면이 사람을 대하는 태도처럼 보여요.

😊 내가 뽑은 키워드

서연 삶의 가치, 다른 삶, 의존, 독립, 만족, 삶의 다양성, 씩씩함, 경험, 진실된 마음, 통하는 사람

정민 행복의 기준, 결혼에 대한 환상, 선택, 주도적인 모습, 나답다, 삶의 태도, 여성의 주체적인 삶, 편견

인경 생각의 전환, 생산적인 일, 실용적, 자기주도적, 경제개념, 시간관리, 실용적, 허례허식 없는, 대화의 깊이, 근거

😊 우리들의 질문

서연 마음을 잘 표현하는 편인가요?

어릴 때는 마음을 잘 표현하지 않았지만, 아이를 낳고 하브루타를 경험한 후로는 마음을 구체적으로 표현하고, 상대방의 마음도 이해하려고 노력하게 되었어요.

정민 예쁘다는 기준은 어디에 두나요?

예쁘다는 건 결국 '나답게' 있을 때 가장 빛나는 것 같아요. 물론 외적인 모습도 중요하죠. 요즘은 잘 챙겨 먹고 꾸준히 관리하는 데다, 성형도 흔하다 보니 젊은 친구들이 다들 예뻐 보이기도 해요.

그런데 저는, 누군가가 목표를 향해 묵묵히 노력하고, 마침내 그것을 이루

어냈을 때의 얼굴이 가장 아름답다고 느껴요. 나이가 들수록 얼굴에는 그 사람이 걸어온 시간이 고스란히 드러나는 것 같고요.

그래서일까요. 지금의 나, 이 모습 그대로도 충분히 예쁘다고 느껴져요.

> 인경   내가 랜돌프 왕자였다면 어떤 방법으로 신발주인을 찾았을까요? 유리구두 한 짝과 똑같은 신발을 찾는다는 광고를 낼 거예요. 찾아오면 구두를 확인하고 자신이 가지고 있는 유리구두를 직접 신어보게 해서 신발 주인을 찾는 방법을 시도해 볼 것 같아요.

☺ Talk Talk
⇨ 나의 현재 환경을 받아들이고 어떻게 주도적이게 살아가나요?

> 서연   누가 하는 걸 따라 하는 것보다는 스스로 생각해 보고, 저만의 기준으로 판단한 후 일을 시작하는 편이에요. 그리고 되도록이면 그 일이 꼭 마무리될 수 있게 노력하는 편이죠.

> 정민   저는 제 삶 대부분을 주도적으로 살아온 것 같아요. 누군가에게 이끌려가기보다는, 늘 제가 선택하고 직접 도전해왔죠. 다행히도 그렇게 선택했던 일들이 크게 실패하지 않고, 끝까지 잘 이루어진 경우가 많았어요. 그래서인지, 어떤 일이 내 앞에 놓였을 때 일단 시작해보는 게 중요하다는 생각이 들어요. 망설이기보다는 직접 부딪혀보는 것, 그게 삶을 조금씩 앞으로 나아가게 해주는 힘이 아닐까 싶어요.

인경 퇴사를 하고 하브루타를 만난 후 실생활에서 적용 하려고 노력해요. 그림책을 읽고 저의 생각을 아들, 딸에게 이야기 하고 질문을 하며 서로의 생각을 나누려고 노력하고 있어요.

☺ 그때 그 느낌

서연 무도회장에서 신데룰라는 루퍼트 왕자에게 아프가니스탄 개미핥기 얘기를 해주고, 루퍼트 왕자는 바베이도스 바나나 얘기를 들려줘요. 다른 사람은 관심도 없을 만한 이야기들이지만, 두 사람은 남을 의식하지 않고 그 대화에 푹 빠져 행복한 시간을 즐겨요. 그런 모습이 무척 인상적이었어요. 반면, 타인을 의식하며 겉모습에 더 집중하는 신데렐라와 랜돌프 왕자는 마치 의무감으로 함께 있는 듯한 인상을 줘요. 주도적으로 살아가는 삶과 타인의 시선에 종속되는 삶, 과연 어떤 삶이 더 행복하고 가치 있을까요? 저에게 많은 질문을 남겨주는 책인 것 같아요.

정민 신데렐라와 신데룰라의 모습을 보면서, 어떻게 사는 것이 현명한지에 대한 해답은 결국 주어진 환경에 따라 달라진다는 생각이 들었어요. 문득, 두 사람의 결혼 상대인 왕자가 바뀌었다면 어떤 삶을 살았을까 상상해보았죠. 아마 신데렐라는 루퍼트 왕자의 뜻을 따르며 조용히 그 삶에 적응했을 테고, 신데룰라는 랜돌프 왕자를 자신이 원하는 모습으로 변화시켰을지도 몰라요.

'남자는 여자 하기 나름'이라는 말처럼, 처음엔 서로 주도권을 쥐려 하지만 시간이 지나면 결국은 타협과 조율 속에서 관계가 만들어지는 것 같아요.

인경 계모와 언니들에게 구박을 받다가 무도회에서 떨어뜨린 유리구두로 인해 신데렐라가 한순간 왕자와 결혼하는 환상의 내용에서 주도적이지 못하고, 환경에서 벗어나려 하는 의지가 없는 모습으로 비춰졌어요. 반면 신데룰라가 주어진 환경에서 자신이 선택하고 스스로 해결해 나가려는 모습들이 현대적으로 잘 표현되었다고 생각해요.

☺ 나의 한 문장

서연 남의 시선보다, 나와 가족의 마음에 더 귀 기울이자.
정민 주도적인 삶, 선택이 아니라 필수다.
인경 행복은 내가 만들어 가는 것.

4.
담대함과 용기를
불어넣고 싶다면

▲▽▲▽▲

이정민

『누가 알았겠어?』
푸름 글·그림

외로운 늑대는 생존을 위해 양들에게 다가가려 하지만, 점차 그들과 소통하며 우정을 쌓고 변화해 갑니다. 결국, 그는 더 이상 혼자가 아닌, 친구들과 함께하는 따뜻한 존재가 됩니다.

☺ 나의 one pick 장면

서연 "어이쿠! 이깟 작은 돌부리에 걸려 넘어질 줄이야. 또 실패하고 말았어. 다른 방법을 찾아야겠어." 배가 고파 이번엔 반드시 양 사냥에 성공해야 하는 늑대는 아주 작은 돌부리에 걸려 넘어져도 실망하지 않고 다른 방법을 모색해요. 사소한 일에도 쉽게 포기하고 움직이고 싶지 않을 때가 있는데, 끝까지 용기 있게 목적 달성을 위한 삶을 대하는 늑대의 모습이 인상적이에요.

정민 "그래 나는 늑대야…." 누가 알았겠어요? 내가 지금, 이렇게 여기에 있을 줄은!
늑대가 양들과 함께 있는 모습은 좀처럼 상상하기 어려운 장면이잖아요. 그런데 바로 그 함께함이, 저에겐 가장 기억에 남아요. 왜냐하면 지금의 제 모습을 친구들이나 저를 알고 있던 사람들이 상상도 못할 것 같거든요. 지금 저는 난타 공연도 하고, 푸드표현예술치료를 통해 제2의 인생을 즐기고 있어요. 과거의 나로는 상상할 수 없던 '지금의 나' 그게 참 흥미롭고, 또 감사한 일이에요.

인경 "~하지 않았더라면 ~했을 텐데"라는 글귀가 선택의 기로에서 선택을 하고 뒤돌아 후회하는 저의 모습인 거 같았어요. 앞으로 제가 한 선택을 후회하지 않고 앞을 보고 저의 길을 찾아가는 제가 되려고요.

☺ 내가 뽑은 키워드

서연 성공, 실패, 변화, 친절함, 끈기, 동화됨, 다른 환경, 마음의 변화, 배려, 역지사지

정민 너와 내가 달라도 더불어, 나의 본 모습, 도전과 실패, 환경의 변화, 융화, 포용

인경 시행착오, 후회, 나만의 노하우, 외로움, 고군분투, 성장, 위장잠입, 변수, 진정한 친구, 걸림돌

☺ 우리들의 질문

서연 실패라는 것을 알았을 때 다음은 어떻게 행동하나요?
처음에는 두렵고 우울한 감정에 휩싸이기도 하지만, 그 후에는 어떻게 해야 할지 고민하며 새로운 해결 방법을 찾으려고 노력하게 되는 것 같아요.

정민 어떤 모습이 나의 본모습일까요?
대부분의 사람들처럼, 저 역시 직장에서의 모습은 진짜 저와는 거리가 있었어요. 사실 지금도 제 본모습을 찾아가는 중이에요. 하지만 춤테라피를 할 때만큼은, 제 안에서 자연스럽게 흥이 솟아나는 걸 느껴요. 원래는 외향적인 성격이었지만, 어린 시절의 환경 때문에 내향적으로 살아야 했고, 그래서 그게 곧 나인 줄로만 알았죠. 그렇게 50년 넘게 눌려 있던 에너지가, 춤

을 통해 마침내 터져 나왔어요. 아마도 제 진짜 모습은, 어린 시절처럼 자유롭게 뛰놀며 마음껏 표현하던 그때의 나였던 것 같아요.

인경 양의 시점에서 본다면 늑대는 어떻게 보였을까요?
'왜 우리만 쳐다보지? 외톨이인가?'라고 생각했을 것 같아요.

☺ Talk Talk
⇨ '누가 알았겠어?' 관련된 경험이 있나요?

서연 바로 지금, 이 순간이요. 그림책 하브루타 선생님들과 책을 읽고 이야기를 나누며, 그와 관련된 자기만의 글을 쓰고, 이렇게 함께 책을 만들어가는 지금이요. 막연히 생각만 하고 있던 일을 실제로 실천에 옮길 수 있도록 용기를 주신 선생님 덕분에, 매주 화요일마다 만나 안부를 나누고, 책에 대한 이야기를 나누며, 하브루타를 통해 깊이 있는 대화를 이어갔어요. 그리고 그 모든 과정이 책을 만들기 위한 소중한 시간이 되었죠. 누가 알았겠어요? 이렇게 함께 책을 쓰는 일이 이토록 즐겁고 신나는 여정이 될 줄을요.

정민 학창 시절, 조그맣고 얌전하기만 했던 저였는데 누가 알았겠어요? 디자인과 대학교수가 되고, 춤테라피를 위해 캘리포니아에 연수를 다녀오고, 푸드표현예술치료를 통해 어린이부터 노인까지 다양한 연령층을 대상으로 치료와 강의를 하게 될 줄은요. 게다가 난타 공연까지 하며 무대에 서게 되다니, 예전의 저라면 상상도 못 했을 거예요.

> 인경 저도 지금이요. 아이들에게 그림책을 읽어 주고, 내용 파악하며 지식을 가르치려고 했었는데 그림책과 하브루타의 만남이 저를 성장시킬 줄 누가 알았겠어요.

☺ 그때 그 느낌

> 서연 포기하지 않고 양들을 쫓는 늑대의 모습도 인상적이었지만, 늑대라는 것을 알면서도 배척하거나 무서워 도망가지 않고, 다정하게 받아주는 양들의 모습이 감동적이었어요. 양들도 사실은 늑대가 무서웠지만 용기를 내어 손 내밀어 준 것은 아닐지 생각이 들었거든요.

> 정민 늑대의 실패와 좌절 속에서도 끝까지 포기하지 않고 도전하는 모습, 그리고 다름을 알면서도 늑대를 포용하는 양들의 모습을 보며 나 자신을 돌아보게 됩니다. 진정한 관계는 결국 내가 먼저 마음을 열고 다가갈 때 비로소 시작된다는 걸, 그들 덕분에 새삼 깨닫게 되었어요.

> 인경 약자인 양을 잡아먹는 늑대이지만 외로이 다니는 모습이 안쓰럽고, 아쉽게 실패를 거듭하는 모습이 저인 거 같아 조용히 응원하며 읽었어요.

☺ 나의 한 문장

> 서연 나의 작은 용기가 다른 사람에게 힘이 될 수 있다.

정민 나는 지금도 새로운 도전을 꿈꾼다.

인경 누가 알았겠어. 그림책이 나를 성장 시켜줄 줄이야!

5.
인내와 열정을 가진
사람이 되고 싶다면

▲▽▲▽

김인경

『잠깐만』
이팅리 글·그림　|　그림책사랑교사모임 역

산을 보며 언젠간 올라가야 한다고 말하는 거북이, 당장 가자고 말하는 토끼가 있습니다. 다음 날 아침, 산에 오르기 위해 토끼는 거북이의 집을 찾아갑니다.

☺ 나의 one pick 장면

서연 "그러지 말고 내일 당장 가자."라고 토끼가 말하는 장면이요. 가끔은 옆에서 옆구리 찔러주는 이런 존재가 필요할 때가 있어서 공감이 되었어요.

정민 "잠깐만은 이제 그만!"이라는 장면이 특히 기억에 남아요. 거북이가 계속해서 "잠깐만"을 반복하며 자기 할 일을 다 하고 있는 모습이 답답하게 느껴졌거든요. 처음부터 시간을 정하거나, 거북이가 해야 할 일들을 토끼에게 미리 말해줬다면, 토끼가 그렇게 오래 기다리진 않았을 것 같아요. 저는 본래 성격이 좀 급한 편이라, 만약 제가 토끼 입장이었다면 꽤 화가 났을 것 같아요. 새로운 일을 시작할 때도 깊이 생각하기보다는, 일단 해보고 그 과정에서 부딪히며 방향을 잡아가는 스타일이거든요.

인경 거북이가 "나는 좀 시간이 걸려."라고 말한 장면이 기억에 남아요. 왜냐하면 저는 무언가 준비하고 새로운 것을 시작하려 할 때 여러 가지 경우를 생각하느라 시간이 오래 걸리는데 거북이와 성향이 비슷한 생각이 들어 기억에 남아요.

☺ 내가 뽑은 키워드

서연 계획, 용기, 시간, 성향, 다른 성격, 도전, 조급함, 차분함, 상상력, 호기심

`정민` 행동력, 동행, 실천, 염려, 공감, 다름, 함께, 배려, 여유로움, 관계
`인경` 신중함, 준비성, 서로 다름을 인정, 리더십, 완벽주의, 실행력, 행동형, 성향 차이, 직관적, 성급함

😊 우리들의 질문

`서연` 친구를 만든다면, 토끼와 거북이 중 누구를 선택할까요?
거북이 친구가 좋을 것 같아요. 토끼처럼 빠르게 판단하고 행동하는 저에게, 거북이처럼 침착하고 여유로운 마음을 가진 친구가 있다면, 실수를 줄이고 더 신중하게 일을 해낼 수 있을 거예요.

`정민` 새로운 일들을 시작할 때 가장 먼저 드는 감정은 무엇인가요?
새로운 일을 시작할 때마다 가장 먼저 드는 감정은 항상 '잘할 수 있을까?' 하는 불안감이에요. 그 불안감에 다른 사람들의 시선과 평가에 대한 걱정이 더해지면, 완벽하게 해내야 한다는 부담감이 커지죠. 결과에 대한 인정 욕구가 강하다 보니, 일을 진행하는 내내 마음 한편에 불안이 계속 자리 잡는 것 같아요.

`인경` 서로가 아니었다면 갈 수 있었을까요? / 내 MBTI는 무엇인가요?
저의 MBTI는 ISFJ예요. 시작이 힘들지만 준비성이 철저한 거북이와 준비성은 없지만 바로 도전하는 토끼가 서로 보완을 해주었기 때문에 가능했던 것 같아요.

☺ **Talk Talk**

➡ 딱 한 명만 친구를 고른다면 토끼와 거북이 중 누구를 선택하고 싶은가요?

서연   저는 꼭 한 명만 고른다면 거북이를 친구로 하고 싶어요. 왜냐하면 제가 가끔 토끼처럼 성급하게 일단 저지르는 경향이 있는데, 제가 놓치고 지나가는 부분을 챙겨주는 차분한 거북이 친구가 동행해 준다면, 조금 더 꼼꼼하고 완성도가 높은 결과물이 나올 것 같거든요.

정민   저는 거북이 같은 성향의 친구를 두고 싶어요. 저도 깊이 생각하기보다는 일단 저지르는 성격이라, 저를 잘 챙겨줄 수 있는 거북이라면 어떤 어려운 일도 잘 처리할 수 있을 것 같거든요.

인경   저는 토끼를 고를 거 같아요. 왜냐하면 제가 거북이처럼 준비성이 있고 꼼꼼한 반면 새로운 것을 도전하는 용기가 부족해서 토끼 같은 친구와 함께 한다면 시너지가 폭발할 것 같아서요.

☺ **그때 그 느낌**

서연   산 하나 오르는 데도 오랜 시간이 걸리는 거북이를 보며 답답한 느낌이 들었고, 반대로 너무 즉흥적이고 무계획적인 토끼는 약간 부담스러운 생각이 들었어요. 그런데 책을 읽다 보니 '나는 누구에게 더 가까운가?' 하는 생각이 들면서 둘의 성향을 반씩 가져오면 딱 좋겠다고 느꼈어요.

정민 거북이의 여유로움 속에서 철저히 준비된 모습을 읽으면서, 토끼처럼 급한 성격인 저를 되돌아보게 되는 그림책이에요.

인경 거북이와 토끼의 말과 행동들을 보며 성향 파악을 하게 되었고 나와 비슷한 점과 다른 점을 찾으며 읽게 되니 재미있었어요.

☺ 나의 한 문장

서연 나와 상대가 다를 수 있다는 걸 받아들이자.

정민 토끼처럼 살아도 괜찮아 거북이 같은 친구가 있으니깐.

인경 잠깐만요! 저는 시간이 조금 걸려요. 하지만 저도 당장 시작해 보려고요~

6.
틀림이 아닌
다름을 받아들이고 싶다면

▲▽▲▽▲

이정민

『차갑고 뜨거운 이야기』

자현 글 ｜ 차영경 그림

서로를 두려워하던 얼음 나라의 공주와 불의 나라 왕자는 호기심으로 다가가며 마음을 열고 사랑에 빠집니다. 결국, 두 사람은 차이를 존중하며 함께 새로운 나라를 세우고 행복하게 살아갑니다.

😊 나의 one pick 장면

서연 "따뜻한 나라에는 새로운 법이 생기고 서로 지켜야 할 약속들도 생겨났어요. 하나, 싸울 때 불같이 화내지 않기. 둘, 너무 얼음처럼 말하지 않기. 셋, 틀린 게 아니라 다르다고 인정하기. 넷, 입장 바꿔 생각해 보기. 다섯, 서로의 온도를 존중해 주기." 어릴 때 배우는 기본적인 항목들을 어른이 되며 너무 자연스럽게 잊게 되는 것 같아요. '요 다섯 가지 항목을 우리의 삶에 습관처럼 적용한다면, 타인과의 갈등이나 다툼도 줄어들고, 사람들이 상처받는 일도 많이 사라지겠구나.' 하고 생각했어요.

정민 '녹아 없어지더라도, 꺼져 사라지더라도, 얼릴레나와 태울리오는 용기를 내어 손을 잡아 보기로 했습니다.' 저는 새로운 일을 마주할 때, 계산하거나 계획을 세워서 시작하기보다는 일단 부딪혀봅니다. 진행하면서 후회할 때도 있지만, 지금까지 살아오면서 후회한 일은 거의 없어요. 과정이 힘들고 왜 시작했을까 후회하기도 했지만, 결국 그 과정을 거치면서 제 삶에 큰 도움이 되었다는 걸 알게 되었습니다.

인경 얼릴레나와 태울리오가 손을 잡는 장면이요. 피터 손 감독의 〈엘리멘탈〉애니메이션에서 불인 앰버와 물인 웨이드가 서로 사랑하지만 서로의 반대의 성질 때문에 가까이할 수 없었어요. 그런데 춤을 추다 껴안게 되면서 각자의 성질이 변하지 않는다는 걸 알게 돼요. 이 장면을 인상 깊게 봤는데 그림책을 보며 그 장면이 연상이 되었어요.

☺ 내가 뽑은 키워드

서연 온도, 인생, 배려, 화해, 양보, 마음, 미지의 세상, 궁금함, 용기, 화합

정민 편견, 깨뜨림, 호기심, 도전, 따뜻함, 당당함, 틀림이 아니라 다름, 경고, 철칙, 관습, 규범, 두려움, 반대 속성, 벽

인경 두려움, 환상, 둘의 시너지 효과, 단단한 용기, 배려, 깨트림, 이해, 다른 세상, 열린 마음, 서로의 강점 찾기

☺ 우리들의 질문

서연 새로운 것에 호기심을 가지고 다가가는 편인가요?

늘 하던 것이 편한 건 사실이지만, 궁금함을 가지고 새로운 일에 도전해 보면 이전과는 다른 제 모습을 발견하며 성장한 자신에 놀랄 때도 있어요.

정민 다른 삶과 당당히 함께한 경험이 있나요?

제 인생의 전환점은 50대 중반에 찾아왔어요. 피정 중 처음으로 춤테라피를 접하게 되었고, 그것은 저에게 완전히 새로운 세계였어요. 광고디자인을 전공한 저는 그때까지 움직임에 전혀 능숙하지 못한, 이른바 '몸치'였거든요. 하지만 그 피정을 계기로 제 내면 깊은 곳에서 무언가가 깨어나기 시작했고, 춤테라피에 대한 열망이 생겨 캘리포니아까지 가서 연수를 받게 되었어요.

연수 이후에는 부산 광안리, 부산역, 금정산 등 다양한 장소에서 전문 무용가들과 함께 춤 활동을 하며 새로운 경험을 쌓았어요. 그렇게 제 본래의 전문 분야와는 전혀 다른 삶의 방식을 그들과 함께 경험하면서, 지금은 발달장애를 가진 친구들과 동작 치료를 통해 따뜻한 만남을 이어가고 있어요.

> **인경** 내 배우자에게 정말 이해 안 되는 부분이 있나요?

신혼 초에는 치약 짜는 방법, 설거지 정리, 물건 정리 방법이 저와 맞지 않아서 이해되지 않았는데, 16년이 지난 지금은 서로 익숙해져 가고 있어서 이해 안 되는 부분은 없는 거 같아요.

☺ Talk Talk
⇒ 나와 전혀 맞지 않다고 생각한 사람과 함께 일한 경험이 있나요?

> **서연** 어떤 일을 할 때 완벽하게 마음이 맞는 사람을 찾기는 어려운 것 같아요. 오히려 저와 비슷한 가치관을 가진 사람들과는 서로의 의견을 주장하느라 갈등이 더 생기기도 하고요. 반면, 나와 다른 색다른 가치관과 생각을 하는 사람들을 만나면 오히려 신선하고 흥미로워서 즐거움을 느끼게 돼요.

> **정민** 직장에서 프로젝트를 함께해야 하는 동료와 성향이 달라 힘든 순간이 있었지만, 그때는 내색하지 않고 그 사람에 맞추려 노력했어요. 함께 일하는 과정에서 배울 점이 많다는 걸 느꼈기에, 결국 마지막까지 함께할 수 있었던 것 같습니다.

인경 저는 계획적인 사람이에요. 일할 때도 마무리해야 하는 기간을 확인하고 분배해서 하는 편인데 즉흥적인 사람과 일할 때 힘든 거 같아요.

☺ 그때 그 느낌

서연 백성들에게 절대로 다른 나라에 가까이 가지 말라고 경고하는 왕의 말에도 불구하고 호기심이 가득한 얼릴레나와 용감한 태울리오는 궁금증을 갖고 다가가 보고 싶은 마음이 들지요. '저세상은 어떨까?', '저 사람은 어떤 사람일까?', '이 일은 어떤 일일까?' 하는 호기심이 없다면 삶이 얼마나 재미없고 무미건조할까 하는 생각이 들어요. 아이들에게도 호기심이 있는 것처럼, 어른들에게도 마음 깊은 곳에 궁금함과 호기심이 많은 것 같아요. '아무것도 없겠지.' 하는 마음으로 가만히 있기보다는 '한번 가보자!' 하고 용기를 내 본다면, 이 책 속의 두 주인공처럼 우리도 새로운 삶을 발견하고 더 풍성한 인생을 살아갈 수 있지 않을까 생각했어요.

정민 편견을 가지고 살다 보면, 결국 내 주위에 아무도 없을 것 같다는 생각이 듭니다. 나와 다른 점을 이해하고, 그 다름 속에서도 서로 도움을 주고받을 수 있다는 걸 알기에, 저는 열린 마음으로 사람들에게 다가가야 하지 않을까 생각해요.

인경 평소 모험을 좋아하지 않는 저로서는 새로운 환경에서 새로운 사람과 만난다는 건 많은 용기가 필요한 일이에요. 결혼도 새로운 환경에서 성장한 둘이 만났기에 서로에 대해 다름을 인정하는 용기가 필요하다는 생각이 들어요.

☺ 나의 한 문장

- **서연**) 익숙하지 않은 것에도 관심을 갖고 다가가 보자!
- **정민**) 있는 그대로의 모습을 서로 존중하고 인정하자!
- **인경**) 다른 사람을 이해하기 전 나부터 나에게 허용적으로 대해 보자!

참고도서

1. 노인경(2016). 『곰씨의 의자』. 경기도: 문학동네.
2. 조승혜(2020). 『다람쥐의 구름』. 서울: 북극곰.
3. John Burningham(1973). 『Mr. Gumpy's Motor Car』. London. Random House Children's Books.
4. 이팅 리 · 그림책사랑교사모임(2022). 『잠깐만』. 서울: 교육과실천.
5. 오소리(2019). 『노를 든 신부』. 경기도: 이야기꽃.
6. 마리아 이바시키나 · 김지은(2022). 『당신의 마음에 이름을 붙인다면』. 서울: 책읽는곰.
7. 최숙희(2013). 『너는 어떤 씨앗이니』. 서울: 책읽는 곰.
8. 최숙희(2012). 『괜찮아』. 파주: 웅진주니어.
9. 박상철(2009). 『웰에이징』. 서울: 생각의 나무.
10. 대니얼 J. 레비틴 · 이은경(2020). 『석세스 에이징』. 서울: (주)미래 엔.
11. 야나(2024). 『행복을 기르는 새』. 서울: 올리.
12. 유명금(2020). 『꼬마 거미 당당이』. 서울: 봄봄출판사.
13. 보람(2020). 『파닥파닥 해바라기』. 서울: 길벗어린이.
14. 마르쿠스 피스터 · 공경희(2010). 『무지개 물고기』. 서울: 시공주니어.
15. Anthony Browne(2012). 『How do you feel』. London. Walker Books Ltd.
16. Maryann Cocca-Leffler(1996). 『Lots of Hearts』. New York. Grosset & Dunlap.
17. 니시우치 미나미 · 호리우치 세이치 · 이영준(1997). 『구룬파 유치원』. 서울: 한림출판사.
18. 마르타 알테스 · 이순영(2012). 『안돼』. 서울: 북극곰.
19. 김윤정(2016). 『엄마의 선물』. 서울: 상수리.
20. 옥효진 · 김미연(2021). 『세금 내는 아이들』. 서울: 한경키즈(한국경제신문).
21. 김유 · 소복이(2023). 『사자마트』. 서울: 천개의바람.
22. 엘렌 잭슨 · 케빈 오말리 · 이옥용(2007). 『신데롤라』. 서울: 보물창고.
23. 푸름(2023). 『누가 알았겠어?』. 경기도: 키위북스.
24. 지현 · 차영경(2022). 『차갑고 뜨거운 이야기』. 파주: 노란돼지.